I0082127

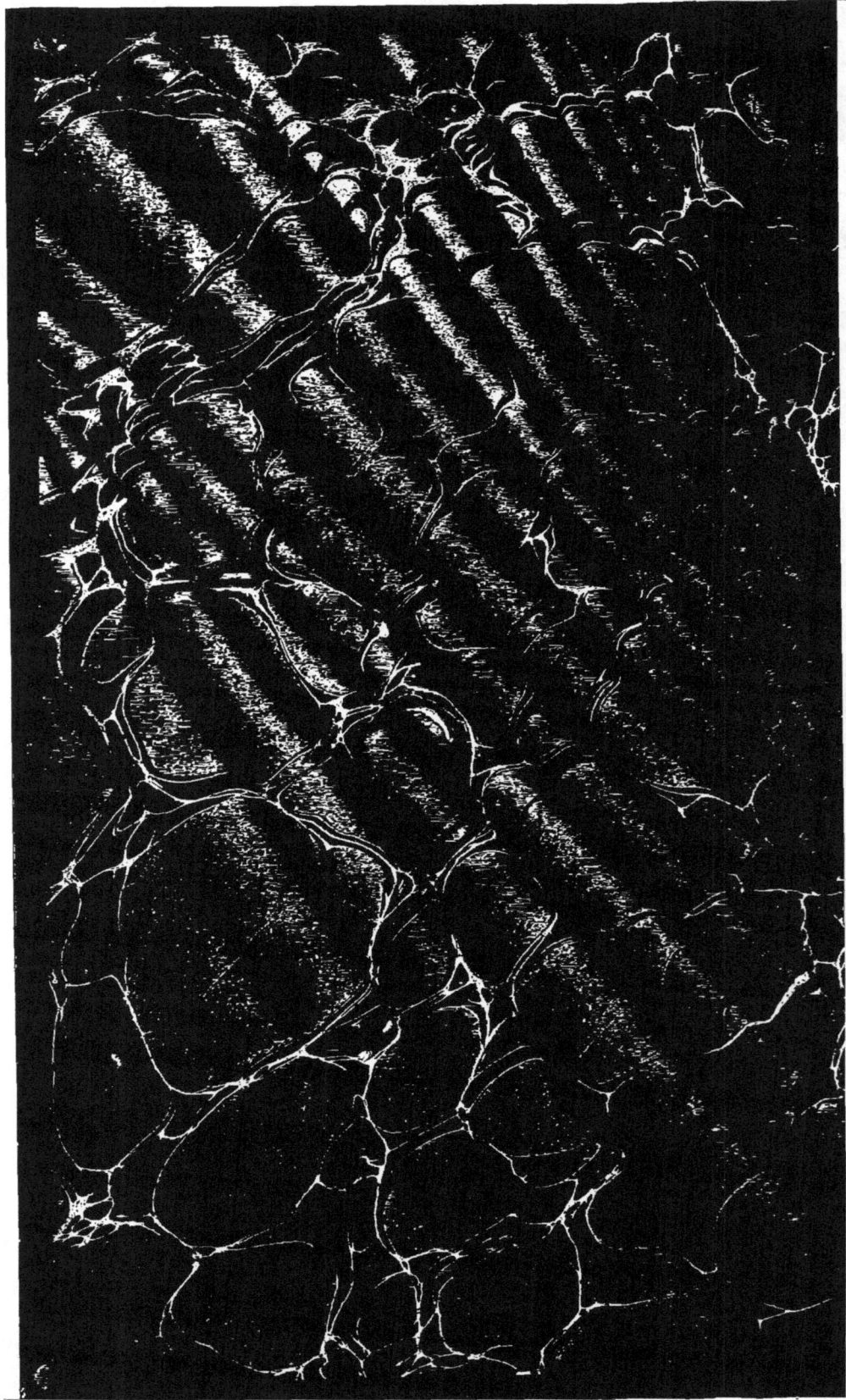

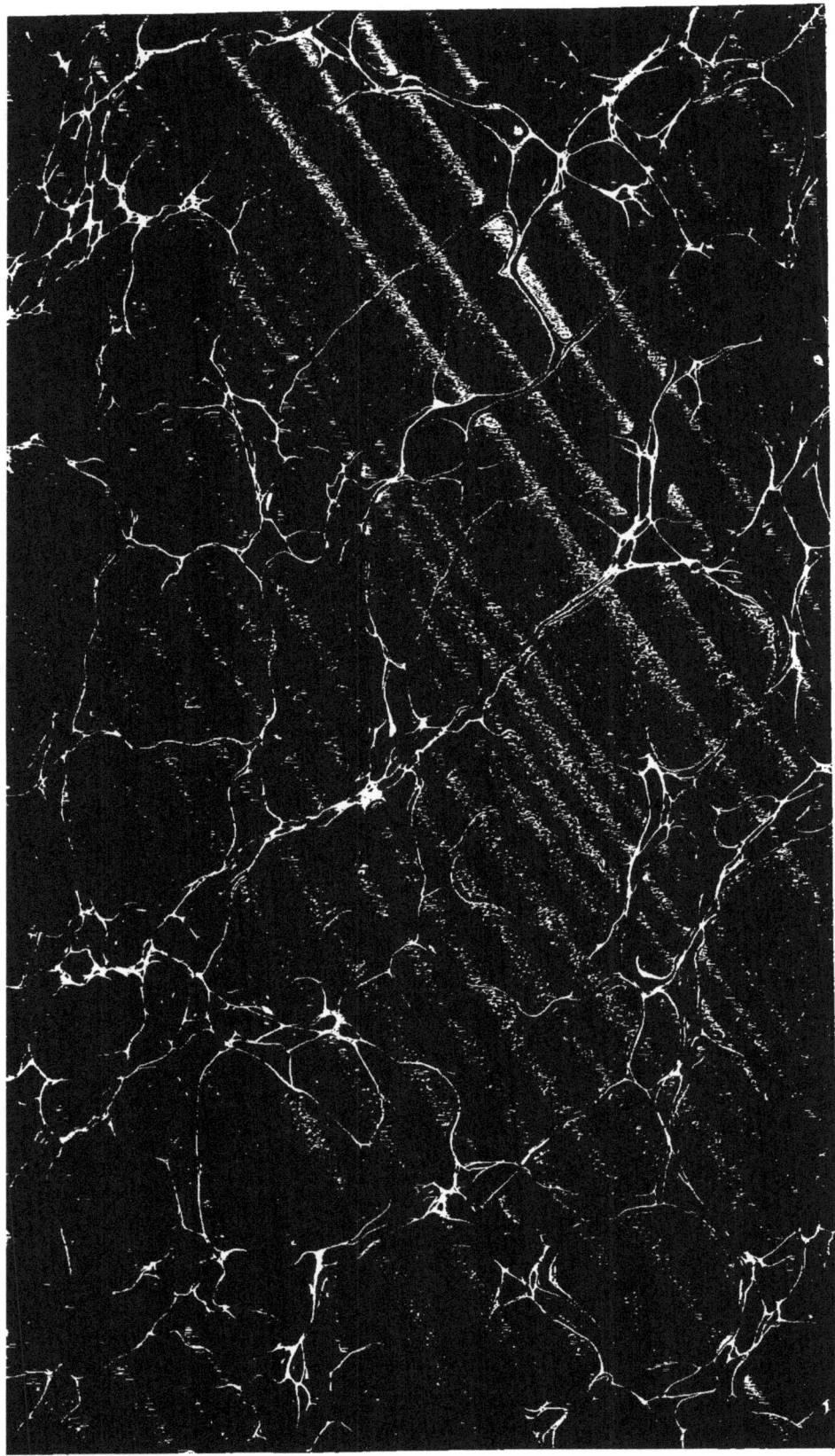

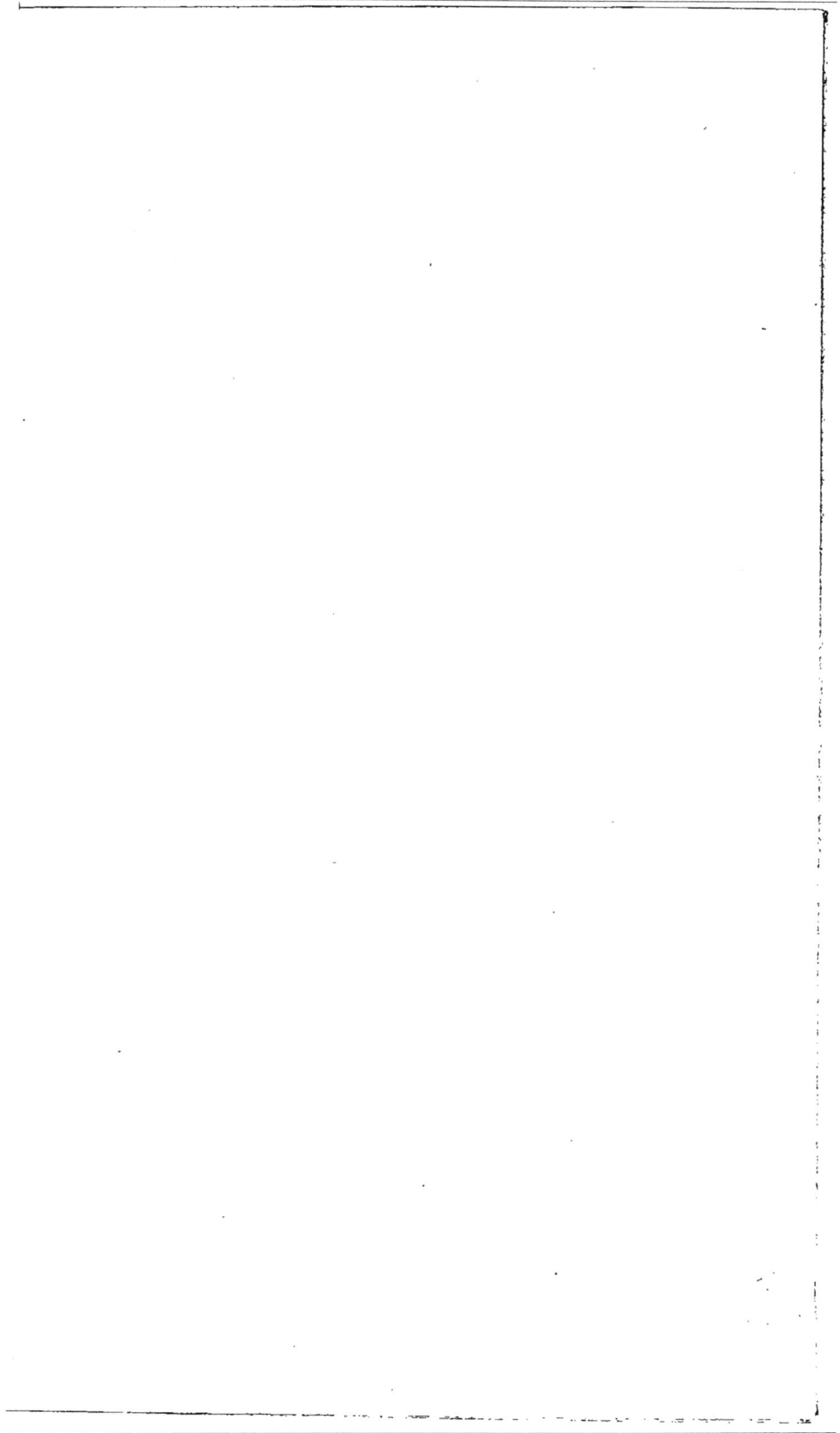

I.b 41 99.

LE DÉPARTEMENT DU NORD

PENDANT

LA RÉVOLUTION FRANÇAISE.

SEPTEMBRE ET OCTOBRE 1792.

BOMBARDEMENT DE LILLE.

La ville de Lille a bien mérité de la Patrie.

(Décret de la Convention Nationale.)

LILLE,

CHEZ LES LIBRAIRES.

—

DOUAI,

BUREAU DU LIBÉRAL DU NORD,

Rue des Écoles, 27.

—

1842.

(left margin) FÊTE COMMÉMORATIVE.

(right margin) CINQUANTIÈME ANNIVERSAIRE.

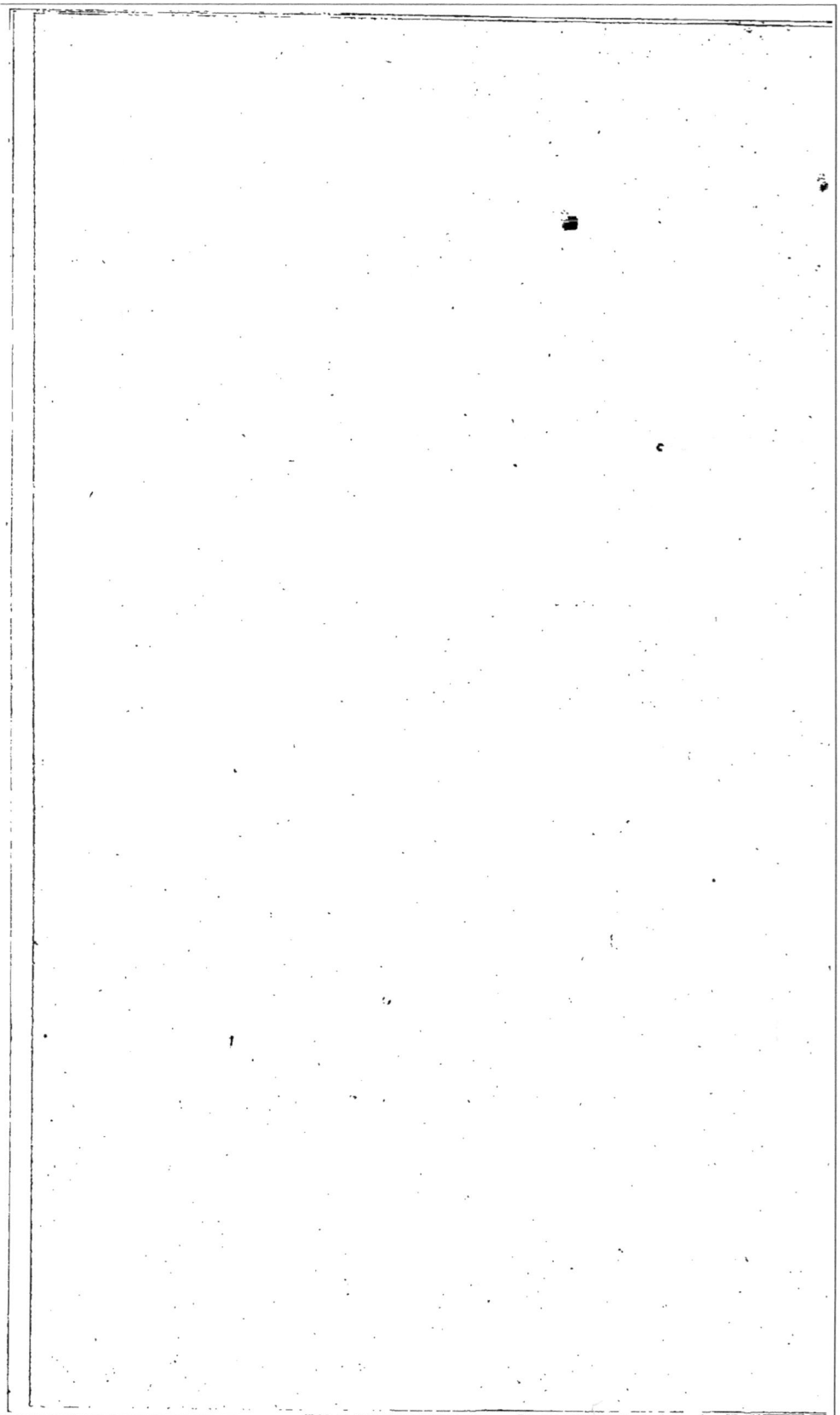

LE DÉPARTEMENT DU NORD

PENDANT

LA RÉVOLUTION FRANÇAISE.

DOUAI.—IMP. DE CRÉPEAUX, RUE DES ÉCOLES, 27.

LE DÉPARTEMENT DU NORD

PENDANT

LA RÉVOLUTION FRANÇAISE.

SEPTEMBRE ET OCTOBRE 1792.

BOMBARDEMENT DE LILLE.

La ville de Lille a bien mérité de la Patrie

(Décret de la Convention Nationale.)

LILLE,

CHEZ LES LIBRAIRES.

—

DOUAI,

BUREAU DU LIBÉRAL DU NORD,

Rue des Écoles, 27.

—

1842.

I.

SITUATION GÉNÉRALE DE LA FRANCE.

Le 25 juillet 1792, le duc de Brunswick commandant les armées du roi de Prusse et traînant après lui un corps d'émigrés, partit de Coblentz avec le projet d'envahir le territoire français. Il se fit précéder d'un manifeste insolent pour la nation qu'il eut l'imprudence de menacer des plus barbares châtimens. La nation ressentit vivement l'offense, et répondit à la menace en criant : *Aux armes !* Des volontaires se levèrent en bataillons sur tous les points de nos départemens. Paris, cette tête ardente de la révolution, s'exalta subitement et éleva l'amour de la patrie jusqu'à la puissance du fanatisme. L'assemblée législative fut entraînée dans le mouvement révolutionnaire ; la royauté lui résistait, elle favorisa la journée du 20 juin. Louis XVI fut coiffé du bonnet rouge et la Commune de Paris se prépara à l'insurrection du 10 août. Ce jour-là, la royauté fut abolie pour cause de trahison et l'état échut aux mains du peuple. Le gouvernement devenait un épouvantable problème. L'Europe était conjurée contre la France et les ennemis intérieurs de la révolution étaient aussi redoutables que l'étranger même. Les familles des émigrés et des prêtres, les partisans encore secrets de l'ancienne monarchie, les *monarchiens* constitutionnels, la bourgeoisie patriote qui venait d'être dépassée par le flot populaire, tout devenait obstacle et danger. Les prussiens et les émigrés s'avancent; Longwy capitule le 24 août; la terreur règne sur tout le pays; pas une armée disciplinée, pas un général sûr ne peuvent être présentés à l'ennemi; le comité de défense et le ministre de la guerre sont obligés de déclarer qu'ils ne voient aucun moyen d'empêcher les prussiens d'arriver à Paris; le mal est à son comble... Mais alors s'est levé un fougueux tribun qui improvise le moyen de sauver la patrie : « Mon avis, dit Danton, est que pour déconcerter » leurs mesures et arrêter l'ennemi, il faut *faire peur* aux roya- » listes » et comme le comité hésitait à se rendre à cet étrange et effrayant avis, Danton se retire vers la Commune, toujours prête à l'insurrection. Le lendemain, lorsqu'il montait à la tribune nationale, l'airain tonnait comme sa voix, et il disait à ceux qui l'écoutaient dans un effroi silencieux : « Le canon que vous » entendez n'est point le canon d'alarme, c'est le pas de charge » sur nos ennemis; pour les vaincre, pour les atterer, que faut- » il ? De l'audace, encore de l'audace et toujours de l'audace. »

Verdun est livré comme Longwy. La nouvelle de la prise de cette ville arrive à Paris dans la nuit du 1er au 2 septembre et le 2 septembre, un horrible massacre se fit dans les prisons. Crime et mystère sur lesquels il faut jeter le voile et garder le silence!

Cependant, sous les coups répétés du tocsin révolutionnaire, la défense s'organisa. Dumouriez fut choisi pour chef de l'armée, si non comme le plus fidèle, du moins comme le plus habile des généraux. Il quitta le camp de Maulde en toute hâte pour se rendre à celui de Sédan, et, avec le coup-d'œil du génie, il reconnut que la forêt de l'Argone pouvait lui servir de thermopyles. Il y arrêta l'ennemi assez longtemps pour laisser à Kellermann l'honneur de le faire battre en retraite par la canonnade de Valmy. Laissons la victoire s'organiser de ce côté et voyons ce qui se passe sur la frontière du Nord.

Au mois d'avril précédent, un essai malheureux d'invasion

avait été fait par nos troupes sur la frontière de Belgique. Sous Rochambeau, et par les ordres de Dumouriez, alors ministre de la guerre, les généraux Théobald Dillon et Biron s'étaient portés, l'un sur Tournai, l'autre sur Mons ; mais ils avaient échoué tous deux dans leur entreprise. Le premier avait péri de la main même de ses soldats. Depuis ce moment jusqu'à l'arrivée des Prussiens sur la Frontière de l'Est, l'armée française était restée sur la défensive.

En se portant du camp de Maulde sur la Meuse, Dumouriez n'avait laissé entre la Sambre et la Lys qu'à-peu-près neuf mille hommes sous les ordres du général Moreton.

Le 5 septembre, le duc de Saxe-Teschen, commandant les troupes autrichiennes, ayant pour but de favoriser l'invasion du centre en menaçant les villes de la frontière, vint s'emparer de Lannoy et de Roubaix, les pilla et les exécuta. Le 8, le général Moreton leva le camp de Maulde et ses troupes abandonnèrent leurs équipages et leur artillerie. L'ennemi occupa Orchies et St.-Amand et l'armée française s'éparpilla vers Douai, Valenciennes et Maubeuge.

Tels sont les faits généraux qui précédèrent l'affreux bombardement de Lille.

Si nous reportons les yeux sur l'attitude dictatoriale du gouvernement, si nous voyons la convention nationale s'installer dans l'exaltation indicible de la liberté conquise sur un absolutisme séculaire et déjà dans l'énivrement quelques succès de nos armes, nous nous ferons l'idée de la situation extraordinaire et grandiose d'une société réalisant l'énergie à son plus-haut degré et s'élevant quelquefois sur de grands crimes pour arriver à de sublimes vertus.

La république française date du 21 septembre 1792. Elle fut l'œuvre de l'héroïsme combattant pour l'indépendance nationale.

Notre intention n'est pas d'en faire ici l'histoire ; d'en raconter les prodiges. Notre but est moins élevé. Au moment où une ville de notre département s'apprête à réveiller l'un des grands souvenirs de cette époque, nous désirons seulement, autant qu'il est en nous, retracer l'image de ce qui s'est passé sur le sol même que nous habitons. Au moyen des correspondances et de divers documens publiés par le *Moniteur*, nous allons reproduire le style et le langage du temps. Il y aura peut-être dans ce genre de récit moins d'ordre et de ponctualité que dans une véritable narration historique, mais on y trouvera assurément autant de couleur et d'expression.

II.

L'ENNEMI DANS NOS CAMPAGNES. — APPROCHES DU SIÉGE.
ST.-AMAND PRIS ET REPRIS.

Une lettre de Bruxelles annonce ainsi les préparatifs du duc
de Saxe-Teschen :

Bruxelles, le 14 septembre 1792.

Les préparatifs formidables que l'on fait au camp de Mons,
pour le munir de tout ce qui est nécessaire, tant en vivres, munitions de guerre, qu'en artillerie de siége, qui vient d'y être
conduite, font présumer, avec quelque fondement, que cette
armée, qu'on avait cru devoir se tenir sur la défensive, médite
quelqu'entreprise importante contre une ou même plusieurs forteresse de la Flandre française. Déjà, les troupes légères font des
excursions jusqu'aux portes de Lille et de Valenciennes.

Tous les jours, il arrive à Ostende des navires venant des différents ports de France, chargés de prêtres assermentés qui
fuient leur patrie sous divers déguisements.

Les Français, réfugiés en cette ville, ont fait, avant-hier, célébrer, en l'église de Kaudenberg, *une messe solennelle*, pour

les victimes qui ont été massacrées, à Paris, dans la nuit du 2 au 3 de ce mois. C'est *M. Talleyrand Périgord*, *archevêque de Rheims*, qui a officié.

Une autre lettre de la même ville s'exprime comme il suit :

Bruxelles, 23 septembre.

Nos troupes serrent Lille de plus en plus. Déjà nos avant-postes sont à la vue de cette place. Par la grande quantité de munitions de guerre et de grosse artillerie que l'on continue de transporter à l'armée de S. A. R. le duc de Saxe-Teschen, l'on présume qu'il est question de former une entreprise contre cette place, et c'est pour cette raison que le quartier-général, qui était établi à Mons, a été transféré à Tournai. Nous apprenons de Lille, en date du 19, que le régiment d'Egalité (ci-devant d'Orléans) infanterie, y est arrivé le 17 de ce mois. Les mêmes annoncent qu'on y a arrêté un particulier qui a été conduit en prison, parce que dans l'interrogatoire qu'on lui a fait subir, il s'est dit gentilhomme.

On écrit aussi de Tournai :

Tournai, 25 septembre.

On a transporté le quartier-général dans cette ville. Le général Beaulieu a quitté Mons pour venir ici. Il passe beaucoup d'artillerie destinée au siége de Lille. Cette place est, dit-on, disposée à se défendre vigoureusement. — La citadelle de notre ville est pleine d'attirails de guerre. On a placé, sur la partie la plus élevée, 12 pièces de canon de 12 livres de balles.

Voici la proclamation que le duc de Saxe-Teschen vient d'adresser aux habitants de la Flandre française. Il suffit de la rapporter :

« Les malheureux événements, en France, ayant déterminé Sa Majesté l'Empereur en roi, *comme bon voisin de la Flandre française*, de venir au secours des *bons citoyens* de cette province, et sauver leur légitime roi et sa famille des malheurs qui les accablent.

» Nous déclarons, par ceci, que tous ceux qui déposeront leurs armes et se soumettront à la *protection* de Sa Majesté l'Empereur et roi, seront traités en amis et jouiront de toute la *protection de la loi* (comme tous nos habitants des villes et campagnes où ils ont pénétré, ont joui), mais ceux qui s'y opposeront seront traités comme rebelles à leur légitime souverain.

» Donné à notre quartier-général, devant Lille, le 24 septembre 1792.

» *Signé*, ALBERT. »

Par ordonnance de S. A. R.

J. DEPERNET, général-auditeur.

La situation du département du Nord devient tous les jours de plus en plus critique, on en jugera par les rapports suivants :

Valenciennes, 20 septembre.

Cette ville se remplit tous les jours de nouvelles troupes, de recrues et de *déserteurs*. L'ardeur guerrière possède tous les cœurs. Les mesures sont prises pour que l'ennemi ne souille pas plus long-temps notre territoire. Il occupe toujours St.-Amand. Aux portes de cette ville sont postés deux hommes payés à 3 liv. par jour. Les gens *du bon bord* sont parfaitement reçus ; ceux qui n'en sont pas, sont arrêtés et menés à *Tournai*. — Les détachemens envoyés à la défense de Maubeuge sont rentrés en ville chargés des dépouilles de 70 à 80 ennemis. Nous n'avons eu que peu de blessés, et nous n'avons perdu qu'un des nôtres.

Autre lettre de la même ville à la même date :

Les Autrichiens qui viennent pour rétablir l'ordre, mettent tout au pillage. Quelquefois, ils font des sommations et menacent de la mort, en cas de contravention, semblables à ces brigands qui demandent une somme pour une heure qu'ils fixent, sous peine d'assassinat. Voici la copie d'une de ces réquisitions faites aux gens de Sébourg :

« Il est ordonné de la part de S. M. l'Empereur et roi, aux mayeurs et gens de loi de Sébourg, de faire conduire ici, demain pour le midi, mille bottes de paille, du poids de 12 livres. Il en sera donné quittance et décharge. Il est au surplus ordonné aux susdits gens de loi de fournir, pour demain à cinq heures du matin, 25 bûcherons munis de haches, scies, réceprelles et coins

de fer : ces 25 bûcherons devront se trouver au bois d'Ambise ,
à l'heure indiquée et où on leur désignera le travail qu'ils devront faire ; le tout , au cas de défaut , à peine d'exécution militaire.

» A Quiévrain, le 14 septembre 1792.

» *Signé*, A. J. STURBOIS, commissaire de S. M. J. »

Ces malheureux , environnés des forces d'un ennemi supé-
rieur, ont cru ne pouvoir échapper aux horreurs du carnage que
par une muette obéissance.

Ceux d'Onnaing se sont laissés enlever de même 80 voitures
de bois.

Lille , le 20 septembre.

MM. Grammont et Roussillon , commissaires du pouvoir exécutif pour le mouvement de l'artillerie , sont arrivés à Valenciennes le 14, et en sont repartis le 17 pour Cambrai , d'où ils se
rendront ici. — Mardi, les Autrichiens, en force, se sont portés
de nouveau sur le Pont-Rouge et sur Quesnoy. Le tocsin a
sonné de toutes parts , et bientôt ces valeureux cultivateurs se
sont rendus en armes au rendez-vous ; mais les secours ne sont
pas arrivés assez tôt pour empêcher d'emmener 12 paysans qui
ont été surpris dans leur corps-de-garde et de tuer un jeune
tambour qui battait la générale. Hier, les braves habitants de la
campagne , ayant à leur tête le commandant de la garde nationale d'Armentières, homme courageux et intelligent , qui a
servi dans les troupes de ligne , doivent avoir marché en nombre sur le territoire ennemi pour enlever 28 paysans autrichiens,
et les emmener prisonniers , jusqu'à ce qu'on leur renvoie leurs
frères. Dans l'après-midi, 300 volontaires soldés sont partis pour
Armentières.

Lille, le 24 septembre.

Hier il est arrivé un bataillon de volontaires soldés, on attend
aujourd'hui encore un plus grand nombre d'hommes. Nos détachemens qui se sont portés sur les bords de la Lys, ont repoussé
l'ennemi jusqu'à Warneton, ils se sont rendus maîtres du Pont-
Rouge et du bac. Les maisons qui servaient de retraite aux Autrichiens ont été incendiées sans miséricorde ; plusieurs de ces

victimes du dispotisme ont trouvé la mort dans les flammes. Hier nos gens poussaient leur conquête plus avant. A cinq heures du soir, ils attaquaient Warneton avec une valeur qui ne laisse pas douter que ce lieu ne soit en ce moment en leur possession. L'ennemi qui occupe depuis quelque temps les postes de Lannoy, Roubaix, Tourcoing etc. se dispose à les évacuer. Il commande des chariots de corvées pour emporter le pillage et les équipages sur son territoire.

Hier, chaque bataillon, ayant en tête son drapeau déployé, s'est rendu à la parade. La loi qui prononce la peine de mort *contre tout citoyen qui parlerait de rendre une place assiégée* a été solennellement publiée.

Lille, le 25 septembre.

Le maréchal-de-camp Dehaux est parti de cette ville avec 1200 hommes, divisés en deux colonnes, il marche sur Ypres pour en faire le siége. Les habitants des campagnes, ruinés par les brigandages des Autrichiens, crient *aux armes, à la vengeance* et demandent à suivre M. Dehaux. On aura bientôt des nouvelles de cette expédition.

Les commissaires députés de l'assemblée nationale ont adressé la proclamation suivante aux habitans de la campagne :

« Nous commissaires, etc. indignés de l'audace sanguinaire et dévastatrice des brigands soudoyés qui pillent et ravagent journellement les propriétés des citoyens habitants des campagnes de cette frontière, autorisons lesdits citoyens et leur commandons même, au nom de leur propre intérêt, de se réunir dans les lieux les plus exposés aux incursions desdits brigands pour les repousser, s'en défendre et même les attaquer s'ils sont en force suffisante, par tous les moyens qui seront en leur pouvoir ; nous nous engageons de leur obtenir de l'assemblée nationale, outre les indemnités qui leur sont accordées par la loi pour les pertes qu'ils pourraient éprouver, les récompenses que leur auront méritées leur activité, leur courage et leur zèle, de même que toute indemnité et récompense seront refusées à ceux qui n'auront pas concouru de tous leurs efforts à la défense commune. » *Signé*, J.-F.-B. DELMAS, DUBOIS-DUBAIS, BELLEGARDE. »

Les membres de l'assemblée électorale du département du Nord écrivent dans le même temps à la Convention :

« Représentants du peuple français, nous nous envoyons, par une députation extraordinaire, le procès-verbal de nos séances au Quesnoy. Nous y joignons une adresse que nous vous prions de prendre en considération sur le champ. Pendant le temps de nos séances au Quesnoy , l'ennemi nous menaçait ; nous avons juré alors de nous ensevelir sous les ruines de cette ville , plutôt que d'abandonner notre poste. Nous avons pris l'inspection de l'état des moyens de défense de cette place ; nous avons vu avec indignation qu'elle aurait été infailliblement la proie de l'ennemi, si nous n'y étions venus. Sans munitions , sans approvisionnemens dans le plus mauvais état de défense, le Quesnoy était perdu. Régie par des administrateurs et une municipalité insouciants et sans énergie, qui auraient à coup sûr imité Verdun et Longwy ; telle était la position critique de cette place. Le regard sévère du corps électoral et sa vigoureuse résolution ont sur le champ terrassé l'aristocratie qui infectait cette ville.

» Notre présence est également nécessaire à Lille ; entourée de toutes parts, cette ville est sans cesse attaquée par l'ennemi. Au moment même , le canon gronde , et les bombes tombent non loin de l'enceinte de nos séances. Les frontières sont dévastées, les courageux habitans trouvent des consolations et des secours au milieu de nous. Le vertueux général Denoue, digne de commander des hommes libres, s'empresse de concourir à tout ce que nous lui demandons. Déjà les braves citoyens d'Armentières, de Ferlinghien et de Quesnoy, près Lille, ont reçu par nos soins des secours. Ils ont combattu en héros les scélérats Autrichiens , et ont reçu en vain toutes leurs menaces. Les administrateurs et la municipalité, à l'exception de quelques membres , ont donné les preuves les plus authentiques d'aristocratie , il y a tout à leur reprocher. Ils seraient assez lâches pour consentir à rendre la ville ; mais nous resterons à notre poste jusqu'à ce que des hommes au niveau de la révolution , et faits pour soutenir l'honneur du nom français, les aient remplacés.

» Comptez, législateurs, que Lille ne sera rendu que lorsqu'il

ne sera qu'un morceau de ruines ; mais nous ne serons pas longtemps menacés. Nous demandons, représentants, que le général
Denoue nous reste, et qu'il ait carte blanche dans ce district.

» Nous vous adressons aussi , représentants, plusieurs exem-
plaires imprimés des lettres d'un officier autrichien à la commune
de Ferlinghien et celle de cette commune au corps électoral.

» Signé LES MEMBRES de l'assemblée électorale du département du Nord , séant à Lille. »

On lit à la Convention où ce rapport parvient, une lettre
écrite de M. Degrün , premier lieutenant de Verd-Laudon , aux
maire et officiers municipaux de Ferlinghien , dans laquelle il les
menace de la vengeance de Sa Majesté impériale et royale , s'ils
ne reconnaissent leur roi et la foi.

L'assemblée décrète la mention honorable de la conduite du
corps électoral du département du Nord et renvoie au pouvoir
exécutif pour l'ampliation des pouvoirs à donner à M. Denoue ,
commandant la garnison de Lille.

L'ennemi se rapproche tous les jours de la place de Lille. On
écrit de cette ville.

26 septembre.

On vient de proclamer, en exécution d'une décision du conseil
de guerre de ce jour , et notifiée au corps municipal par le lieutenant-général Duhoux , *que la ville était en état de siège.* Ainsi
la loi du 10 juillet 1791 concernant la conservation des places de
guerre se trouve en pleine vigueur.

Le feu qui s'est manifesté au-cidevant couvent des Célestines ,
dans la nuit de lundi à mardi , n'a pas heureusement été considérable. Les Autrichiens sont venus se loger au faubourg de Fives. Ce faubourg couvert de maisons qui auraient dû être détruites , sert, dans ce moment, de retraite à ces brigands qui ont
tiré toute la journée sur la ville. Le canon de nos remparts doit
en avoir détruit beaucoup. M. Chabot, officier d'un grand mérite
dans le 15e régiment, a reçu un coup de feu dans le flanc et est
mort peu d'heures après , de sa blessure. Il y a eu quelques
chasseurs belges de blessés. Ces braves gens sont des lions quand
ils sont au feu. On dit qu'ils ont eu la témérité d'aller bloquer le

château de **M.** Vanderligne, rempli de hulans, et qu'à travers une fusillade qui sortait des fenêtres ils ont été y mettre le feu. Nous n'avons pas entendu parler que le canon de l'ennemi ait occasionné aucun dégât dans la ville.

Les soldats Autrichiens, qui sont venus s'établir à Seclin, ont sommé cette petite ville de tenir, pour telle heure, des logements prêts pour 800 hommes, de leur fournir 1200 rasières de blé et avoine, 4000 bottes de foin et de paille; ils ont ensuite fait abattre l'arbre de la liberté, et sont partis. Les brigands des forêts n'agissent pas autrement.

Un prêtre a eu la cruelle perfidie de conduire à Haubourdin 200 hulans par des chemins de traverse qu'ils n'auraient pu suivre sans se perdre; mais le tocsin a sonné à leur approche. Les intrépides et braves habitants de Santes, de Loos, d'Emmerin, se sont levés, les uns avec des fusils, les autres avec des instruments de labourage, et ont donné la chasse aux brigands.

Hier, dans l'après-midi, les braves chasseurs Belges, qui défendent le poste du Pont-Rouge, ont amené, à Lille, neuf prisonniers. Ils ont été conduits à la citadelle. On dit qu'ils ont noyé dans la Lys une quarantaine de casquettes.

                    Lille, 27 septembre.

Notre position est telle que nous sommes absolument cernés par l'ennemi, et toutes les routes sont presque interceptées. Le canon a tiré toute la journée d'hier, de part et d'autre, le notre a fait un grand ravage; une bombe surtout qui a éclaté au milieu des travailleurs ennemis qui élevaient des retranchements, en a tué un grand nombre et détruit leur ouvrage. Nous avons eu cinq hommes de tués d'un coup de canon, un citoyen a aussi perdu la vie. Les intrépides chasseurs belges font merveilles; un seul qui s'était tapis derrière le pignon d'une maison, a tiré quarante coups de carabine et a tué ou blessé 40 casquettes; un boulet de canon est malheureusement venu emporter le brave homme au grand regret de ses camarades. On voit de nos remparts que l'ennemi charge sur des chariots ses blessés et ses morts. Les Belges ont été hier au soir mettre le feu dans plusieurs maisons du faubourg de Fives qui aurait dû être détruit

plus tôt , afin de ne pas donner retraite à l'ennemi qui alors ne
se serait pas approché si près de nos remparts. Ce matin , on dit
que ce faubourg est tout en feu et presque détruit.

MM. *Grammon et Roussillon* , commissaires du pouvoir exécutif pour le mouvement de l'artillerie , sont arrivés à Lille hier
soir. MM. *Delmas , de Bellegrade* et *Dubois-Dubay* , députés à
la Convention nationale, commissaires députés de l'assemblée
nationale législative, envoyés aux frontières et à l'armée du nord,
sont partis pour Paris et ont transmis à M. *Briez* , procureur
syndic du district de Valenciennes, leur collègue à la convention
nationale , leur pouvoir pour suivre en leur nom des opérations
commencées et que leur départ laisse imparfaites.

Pendant que Lille s'apprête à la défense , les environs de Valenciennes , de St.-Amand et d'Orchies sont incessamment sac-
cagés ; plusieurs attaques ont lieu près de St.-Amand :

Valenciennes , 27 septembre.

Les habitans de la commune de Wandignies ont été assez courageux pour repousser deux sommations de la part des Autrichiens qui leur demandaient d'abord paille , foin , lard , bière ,
etc., et ensuite de leur fournir 20 chariots attelés de deux chevaux
et dix ouvriers. Ils ont été obligés d'abandonner leurs foyers , et
ils se sont réfugiés en ville.

Les ennemis se sont présentés, mardi matin, au nombre de 6000
hommes , devant Lille , tant du côté de la porte de Fives que de
celle des Malades , et après avoir sommé la ville de se rendre ,
voyant qu'on ne leur répondait qu'à coups de canon , ils ont envoyé quelques bombes ; mais la garnison, les volontaires , etc.
ont fait une vigoureuse sortie et chassé ces brigands qui n'ont eu
que le temps de ramasser leurs cadavres et de les faire conduire
à Orchies et à Tournay. Nous n'avons éprouvé aucune perte.

On a exécuté le plan combiné pour prendre St.-Amand. Cette
nuit 1500 hommes d'élite avec quatre pièces de canon et deux
obus , commandés par le maréchal-de-camp commandant cette
place , M. Ferrand et un corps de réserve commandé par le
maréchal-de-camp Lamarlière , ont été faire l'attaque de St.-

2

Amand par Raismes, tandis que la garnison de Lille a dû amuser ou poursuivre les troupes ennemies qui sont sous ses murs; celle de Bouchain est descendu sur Marchiennes et Hasnon, celle de Douai sur Orchies, et celle de Condé sur Bruille et Maulde, pour envelopper tout ce qui se trouve à St.-Amand, à Mortagne et dans les bois.

Tous les volontaires de St.-Amand, de Hasnon et des différentes communes ci-devant envahies par les Autrichiens, marchent en éclaireurs et le courage de ces braves défenseurs est inexprimable.

A neuf heures du matin, nos troupes sont entrées dans St.-Amand; on apprend que la jonction des différentes colonnes de Bouchain, Douai et Condé a été parfaitement exécutée. M. Ferrand demande des forces pour poursuivre les ennemis et à l'instant voilà encore 1200 hommes qui partent avec ardeur.

Nous n'avons eu que 3 hommes de tués et 10 blessés.

L'affaire de St.-Amand a donné lieu à un incident que l'on connaîtra par les pièces produites à la Convention:

Séance de la Convention du 30 septembre.

On lit une lettre du ministre de la guerre; elle est ainsi conçue:

La copie que je joins ici d'une lettre du lieutenant-général Moreton, commandant l'armée du Nord fera connaître à la Convention l'affaire qui a eu lieu, le 27 de ce mois, à l'attaque de St.-Amand (1); elle lui fera connaître aussi les causes qui se sont opposées à ce qu'elle ait été aussi heureuse qu'on avait le droit de l'attendre. Les détails affligeants qu'en donne Moreton me mettent dans la nécessité de renouveler à l'assemblée la proposition que je lui ai faite de donner au ministre de la guerre les moyens et le pouvoir nécessaire de réprimer les écarts des troupes.

Lettre du général Moreton au ministre de la guerre.

J'avais l'honneur de vous marquer dans ma dernière dépêche

(1) Les commissaires du pouvoir exécutif à Valenciennes écrivirent le 10 octobre, qu'ils avaient censuré les bataillons qui s'étaient conduits lâchement à St.-Amand.

que je m'occupais sur ce point-ci de la frontière d'une diversion qui pût inquiéter l'ennemi, ou au moins faire replier quelques-uns de ses postes, et l'éloigner de nous ; j'avais en conséquence résolu d'attaquer St.-Amand où je savais que l'ennemi avait environ 800 hommes et du canon et où il établissait des retranchements. Notre attaque s'est faite à la pointe du jour, et après une vigoureuse défense de 3 heures et demie, l'ennemi a évacué la ville en dirigeant sa retraite sur Maulde et Orchies. Il a laissé une quarantaine de morts et quelques prisonniers, et il a emporté avec lui un grand nombre de blessés. Nous avons perdu 4 hommes et environ 15 blessés. Nos troupes ont montré un grand courage et beaucoup de subordination pendant l'action ; mais du moment qu'elles ont été en possession de la ville, il n'y a plus eu de moyen d'empêcher le soldat de se débander et de piller beaucoup de maisons. Quelques officiers ont même partagé ces excès; une grande partie s'est enivrée au point de n'être plus capable de rendre aucun service si l'ennemi eût attaqué. Le maréchal-de-camp Ferrand a, en conséquence, fait approcher de lui pour le soutenir en cas de besoin, un corps de 1200 hommes que j'avais mis à sa portée, sous les ordres du maréchal-de-camp Lamarlière. Pendant ce temps arrivait à St.-Amand le détachement de la garnison de Condé qui avait marché sur Bruille et qui se livra aux mêmes excès. Le maréchal-de-camp Ferrand apprit alors que la partie de la garnison de Bouchain qui s'était portée sur Marchiennes, avait été repoussée par l'ennemi qui y était retranché derrière la Scarpe, avec trois pièces de canon ; que M. Marassé n'avait pu faire sortir de Douai que 200 hommes qui avaient attaqué le poste de Coutiches, en avant d'Orchies et n'avaient même pu l'entamer, parce qu'il avait été renforcé à temps par Orchies.

Ces nouvelles, jointes à la situation de la troupe dans Saint-Amand, déterminèrent M. Ferrand à évacuer cette ville, dans laquelle il pouvait facilement être attaqué par les troupes de Maulde, et tourné par celles d'Orchies et de Marchiennes de manière à ce que sa retraite fût coupée. Cette expédition n'a pas eu, comme vous voyez, tout le succès que je pouvais en attendre ;

mais beaucoup de causes y ont concouru : l'impossibilité où a été M. Marassé d'attaquer Orchies ; le renforcement des postes de Marchiennes que nous ne savions pas ; le défaut de cavalerie, qui ne consistait qu'en cent hommes à ce détachement ; enfin l'indiscipline de la troupe, qui, après s'être parfaitement conduite pendant l'action, s'est totalement débandée, à quelques compagnies de grenadiers près ; tout cela nous a empéchés de garder Saint-Amand, de pousser l'ennemi dans sa retraite et de lui faire des prisonniers. Cependant, il me reste une satisfaction, c'est que cette expédition, qui a été conduite avec zèle et intelligence par le maréchal de camp Ferrand, donne une bonne idée du courage de nos troupes et qu'à leur indiscipline près, personne n'a de reproches à se faire.

Le lieutenant-général en chef de l'état-major de l'armée du Nord,

J.-H. MORETON.

P. S. J'apprends à l'instant que l'ennemi est rentré hier au soir en forces dans Saint-Amand, presqu'aussitôt la retraite de M. Ferrand et qu'il a fait sommer le village d'Hasnon de payer la moitié des impositions des années 1791 et 1792. Il s'y porte ce matin, je viens d'y envoyer 200 hommes et du canon.

Un député dont le Moniteur ne donne pas le nom : Voulez vous savoir quelle a été la cause de cette fureur de la troupe contre les habitans de St.-Amand ? C'est que cette ville a été, il y a quelques semaines, livrée par eux aux Autrichiens qui ne s'en seraient pas emparés sans trahison. Je me trouvais alors dans l'un des bataillons qui y étaient en garnison, et j'atteste le fait.

SALLES : Tant que justice ne sera pas faite au peuple et aux soldats, vous n'aurez pas de discipline. Le maire de St.-Amand a fait des réjouissances lorsque les Autrichiens y sont entrés ; il leur a donné un bal que madame la mairesse a ouvert. Ces trahisons n'étaient-elles pas faites pour irriter des soldats qui se sacrifient pour la liberté ? Je demande que le comité de législation soit chargé de nous présenter un projet de loi pénal contre les crimes de cette espèce.

BELLEGRADE : Il est indispensable d'envoyer six commissaires dans le département du Nord. Deux resteront à Valenciennes pour y recevoir et examiner les différentes plaintes : deux visiteront les hôpitaux et les administrations, deux autres marcheront à la tête des colonnes. (On applaudit.)

DAOUST : Non seulement le maire de St.-Amand a fait des réjouissances, et donné un bal aux officiers Autrichiens ; mais il a accepté de l'Empereur la place de prevôt de St.-Amand, qui a été rétablie en sa faveur. Les officiers municipaux ont la plupart imité sa conduite et se sont fait breveter par l'Empereur. C'est aussi en vertu de semblables brevets que ceux d'Orchies ont donné des ordres aux communes voisines, sous peine d'exécution militaire. Il est indispensable que des commissaires de la Convention nationale soient envoyés dans ce département, pour prendre les mesures extraordinaires que nécessite l'incivisme de la plupart des municipalités.

Un député : Et l'aristocratie des religieuses, à qui nous avions conservé par pitié leurs maisons, et qui emploient aujourd'hui tous les moyens de nous trahir ! A Lannoy, elles désignaient du doigt, de dessus la porte de leur couvent, les maisons des patriotes, pour les faire piller et elles firent ainsi égorger plusieurs citoyens.

DUHEM : Je demande que le pouvoir exécutif soit chargé de faire examiner la conduite des officiers-généraux qui ont signé le procès-verbal du conseil de guerre tenu pour la levée du camp de Maulde, et surtout celle du général Moreton. Depuis la levée de ce camp, il y a près de 300 communes au pouvoir de l'ennemi, et les dévastations nous occasionnent déjà une perte de près de 20 millions : tout, dans ce mouvement, a décélé la profonde ignorance des chefs. N'est-ce pas par impéritie qu'ils ont laissé dans la rivière de l'Escaut 52 bateaux chargés de fourrages qui ont servi de pontons à l'ennemi ? n'est-ce pas par impéritie qu'en levant ce camp, ils ont laissé au pouvoir de l'ennemi 52,000 palissades et qu'il ont abandonné , comme par oubli, 800 hommes de l'arrière garde, à qui ils n'ont donné aucun ordre ? J'appuye donc la proposition faite d'envoyer des commissaires. Ils auront à tenir en respect les généraux ignorants , à contenir les municipalités aristocrates, et ils pourront forcer les habitans des campagnes à porter leurs vivres dans les places fortes.

BELLEGRADE : Nous vous ferons demain, Dubois-Dubay, Delmas et moi, le rapport de la mission que nous avait confiée l'assemblée législative dans le département du Nord; il vous prouvera que les faits avancés par les préopinants sont parfaitement exacts.

MERLIN, *de Douai, l'ex-constituant :* Je demande qu'il soit formé un conseil de guerre pour examiner en particulier la conduite du lieutenant-général Moreton-Chabrillant. J'ai à proposer ensuite une autre mesure qui est du ressort du comité de législation. De grands crimes ont été commis à St.-Amand. On vous a déjà donné connaissance de la conduite du maire. Les ci-devant officiers-seigneurs ont souffert qu'on les réintégrât dans leurs fonctions au nom de l'Empereur. Tous les ci-devant moines, accourant au bruit du canon, se sont fait réinstaller dans leur Abbaye, et ils ont chanté un *Te Deum* pour célébrer cet avantage remporté par les Autrichiens sur l'impéritie de nos généraux. Enfin le receveur des droits d'enregistrement et des bénéfices des domaines nationaux, au lieu de fuir avec ses registres et sa caisse, comme on lui en avait donné l'ordre, les a livrés au pouvoir de l'ennemi. Il faut poursuivre et punir ces crimes. Mais la marche de la procédure actuelle est trop lente, et en même temps inapplicable aux circonstances. Il faut qu'un juge de paix fasse les instructions préliminaires, et mette le prévenu en état d'arrestation. Eh! bien vous ne trouverez pas dans ce département un seul juge de paix qui ne soit infecté d'aristocratie. Je demande que le comité de législation soit tenu de prendre cette circonstance en considération et de vous présenter un mode de procédure qui soit applicable.

Cette proposition est adoptée.

La Convention décrète dans la même séance qu'il sera envoyé dans le département du Nord six commissaires avec plein pouvoir de prendre provisoirement toutes les mesures qu'ils croiraient nécessaires à la sureté de ce département. Le président en dresse la liste. Ce sont les citoyens DELMAS, BELLEGRADE, DUHEM, LOISEL, DOULCET, D'AOUST.

III.

SUITE DES ÉVÉNEMENTS. — SIÉGE. — TRAITS HÉROIQUES.

On a lu précédemment une lettre datée de Lille , 27 septembre, et on a pu y voir ce qui se passait le 26. Le journal du siége , rédigé sous les yeux du conseil de guerre , rend ainsi compte des journées des 27 et 28 :

Le 27 , l'ennemi, sans avoir beaucoup étendu ses ouvrages vers la gauche , avait travaillé la nuit à les perfectionner et se prolongeait sur la droite , à l'abri des masures du faubourg que les Belges avaient incendié et que le canon avait battu avec succès ; ses dispositions faisant juger qu'il pourrait embrasser en attaque régulière le front de la Noble-Tour, le maréchal-de-camp commandant du génie, fit la reconnaissance d'une lunette à placer en retour du faubourg des Malades , et qui aurait battu tellement à revers la tranchée de l'ennemi , que leur cheminement eût été de la plus grande difficulté.

Les officiers du génie firent travailler dans l'après-midi à la communication de l'ouvrage projeté ; mais l'ennemi s'étant concentré dans le projet d'un bombardement, il n'en fut pas fait de suite.

Le 28, les travaux de l'ennemi se bornèrent, comme la veille, à faire des dispositions de batteries formidables, auxquelles il travaillait avec la plus grande activité tant de jour que de nuit, à l'aide des couverts derrière lesquels il s'enfonçait; le grand feu de la place qui se dirigea sur tout son développement, dut, cependant, lui faire perdre du monde, comme on l'a su par le rapport de quelques déserteurs.

Les correspondances donnent d'autres détails.

Lille, 29 septembre.

Hier, le canon de nos remparts a joué avec un succès étonnant; on a vu les brigands se replier sur Lesquin, ne pouvant plus soutenir notre feu. Les volontaires et les Belges ont chassé avec succès les Casquettes qui s'étaient cachés dans des trous et derrière les buissons, pendant la nuit, pour les surprendre : ils en ont tué un grand nombre et sont rentrés le matin avec un canon de l'ennemi. Dans l'après-midi, ces braves gens ont enlevé un drapeau aux Autrichiens avec lequel ils sont entrés en ville, recevant dans leur marche les applaudissements les plus flatteurs et les mieux mérités. Ils ont aussi repris un drapeau d'une compagnie de l'albalètre, et fait quelques prisonniers.

On a ramené trois blessés des nôtres et un mort. Nous n'avons pas entendu dire qu'il y en ait d'autres. Il est arrivé quelques déserteurs. Les brigands, qui sont cantonnés à Seclin, somment les communes des villages des environs de leur fournir des provisions. La formule de leur sommation est connue; voici de quelle manière ils la signifient :

Un trompette arrive, entre dans une auberge ou un cabaret, il mande la municipalité; il lui remet un placard en français, où l'aigle écartelé est en tête, qui promet protection et sûreté de la part du tyran autrichien et finit par demander le recensement des blés et fourrages du canton, et somme enfin de faire conduire, à un lieu désigné, la quantité, ou à-peu-près, de ce que ces hommes, nés pour porter des chaînes, viennent de déclarer et souvent ni les chevaux ni les chariots ne reviennent.

Un député extraordinaire de la Commune partit pour se faire admettre à la barre de la Convention nationale. Trois jours après il y prononça le discours suivant :

«Représentans de la nation française, je suis parti samedi de la ville de Lille. — Peut-être dans ce moment cette ville est-elle la proie des flammes ; mais les habitants et le corps administratif, resteront à leur poste plutôt que de consentir à livrer la place. Vous avez vu la réponse de la municipalité à la sommation de rendre la ville. Je suis chargé de vous annoncer de la part de tous les membres de la Commune, que leurs derniers battements de cœur feront des vœux pour la liberté. — Aussitôt après la levée du camp de Maulde, les ennemis se sont répandus dans les campagnes, et rendent la communication des subsistances difficile. Je suis chargé de solliciter un décret d'où dépend le salut d'une ville assiégée. Les subsistances de la ville sont modiques. 100,000 livres lui ont déjà été accordées; mais cette somme est insuffisante : il faudrait une somme de 400,000 livres.

»J'observe que le nombre des pauvres est extraordinaire, puisque sur une population de 60,000 hommes on compte 28,000 pauvres. L'hôpital n'offre plus de ressources ; il faut y suppléer. Je demande donc qu'il soit accordé à la Commune de Lille une somme au moins de 60,000 livres.

»Enfin, je suis chargé de vous demander encore qu'il soit remis à la disposition de la municipalité de Lille, sous sa responsabilité, une somme pour payer les arrérages dûs à ses rentiers. »

CAMBON : La Convention ne peut pas accorder une somme sur une demande particulière il faut de l'ordre pour assurer la comptabilité. Je demande qu'il soit remis 2,000,000 à la disposition du ministre de l'intérieur qui délivrera la somme qui vous est demandée, s'il le croit nécessaire.

Cette propositon appuyée est décrétée.

Nous allons maintenant faire connaître les détails de chaque journée, nous les emprunterons au journal du siége, en même temps qu'aux correspondances du *Moniteur.*

JOURNÉE DU SAMEDI 29 SEPTEMBRE.

Le 29 au matin l'ennemi poursuivit l'achèvement de ses batteries, quoique notre feu ne cessât pas de le tourmenter : tel était l'état des choses, lorsque vers onze heures, on vint annoncer au conseil de guerre qu'un officier-supérieur autrichien, accompagné d'un trompette, se présentait à la porte St.-Maurice. Le général Ruault, redevenu commandant en chef depuis les ordres donnés au général Duhoux de se rendre à Paris, détacha aussitôt le capitaine Morand, son aide-de-camp, pour aller conjointement avec M. Varennes, colonel du 15e régiment d'infanterie, recevoir l'officier envoyé de l'armée ennemie; on lui fit traverser la ville en voiture, les yeux bandés, et il fut introduit au conseil: il remit alors une dépêche du capitaine-général Albert de Saxe, portant sommation au général-commandant de rendre la ville et la citadelle à l'Empereur et roi, il annonça qu'il en avait une autre pour la municipalité ; mais sur l'observation qui lui fut faite que les lois françaises suivant lesquelles la place avait été mise en état de siége ne permettaient pas de le laisser communiquer avec la municipalité, cet officier consentit à la remettre au général-commandant qui lui donna l'assurance de la faire passer de suite à sa destination et de lui en remettre la réponse conjointement à la sienne.

Voici la copie de ces pièces :

Le lieutenant-gouverneur et capitaine-général des Pays-Bas autrichiens et commandant-général de l'armée impériale et royale, ALBERT DE SAXE, *à M. le commandant de la ville de Lille.*

Monsieur le commandant,

L'armée de Sa Majesté l'Empereur et roi, que j'ai l'honneur de commander, est à vos portes ; les batteries sont dressées ; l'humanité m'engage, monsieur, de vous sommer vous et votre garnison, de me rendre la ville et la citadelle de Lille, pour prévenir l'effusion du sang. Si vous vous y refusez, monsieur, vous me forcez, malgré moi, de bombarder une ville riche et peuplée que j'aurais désiré de ménager. Je demande incessamment une réponse catégorique.

Fait au camp devant Lille, le 29 septembre 1792.

Le lieutenant-gouverneur et capitaine-général des Pays-Bas autrichiens et commandant-général de l'armée impériale et royale,

ALBERT DE SAXE.

Réponse faite à cette lettre.

Monsieur le commandant-général,

La garnison que j'ai l'honneur de commander et moi, sommes résolus de nous ensevelir sous les ruines de cette place, plutôt que de la rendre à nos ennemis; et les citoyens fidèles comme nous à leur serment de vivre libres ou de mourir, partagent nos sentimens et nous seconderont de tous leurs efforts.

Le maréchal-de-camp commandant à Lille,

RUAULT.

Le lieutenant-gouverneur, etc.

A la municipalité de Lille,

Etabli devant votre ville avec l'armée de Sa Majesté l'Empereur et roi confiée à mes ordres, je viens en vous sommant de la rendre, ainsi que la citadelle, offrir à ses habitans sa puissante protection. Mais si, par une vaine résistance, on méconnaissait les offres que je leur fais, les batteries étant dressées et prêtes de foudroyer la ville, la municipalité sera responsable à ses concitoyens de tous les malheurs qui en seront la suite nécessaire.

Fait au camp devant Lille, ce 29 septembre 1792.

Le lieutenant-gouverneur, etc.,

ALBERT DE SAXE.

Réponse :

La municipalité de Lille à Albert de Saxe.

Nous venons de renouveler notre serment d'être fidèles à la nation, de maintenir la liberté et l'égalité ou de mourir à notre poste. Nous ne sommes pas des parjures.

Fait à la Maison Commune le 29 septembre 1792, l'an 1er de la République française.

Le conseil permanent de la Commune de Lille,

ANDRÉ, maire.

ROHART, secrétaire-greffier par *intérim*.

Vers une heure de l'après-midi, l'officier Autrichien sortit de la salle du conseil et fut reconduit avec les mêmes précautions à la porte St.-Maurice : le peuple qui avait porté à sa mission tout le respect commandé par le droit des gens ne fut pas plutôt instruit de son objet, que des cris s'élevant de toutes parts sur les pas de l'envoyé, firent retentir les airs des cris redoublés de *Vive la liberté! Vive la nation!* Citoyens-soldats, officiers-généraux, tous partageaient l'indignation d'une sommation révoltante et la fermeté énergique avec laquelle les officiers municipaux et le général commandant, avaient juré de mourir fidèles à la patrie.

A peine l'envoyé eut-il atteint les postes de l'armée ennemie, que son artillerie, par la détonation subite de 12 mortiers et 24 pièces de gros canons tirant à boulets rouges, jeta l'alarme dans les divers quartiers. Notre artillerie opposa à ce feu épouvantable, soutenu avec la plus grande vivacité, toute l'énergie de moyens dont elle était capable ; cependant l'église de St.-Etienne et les maisons voisines furent bientôt la proie des flammes, malgré la célérité des secours que les officiers municipaux conduisirent en personne.   (*Extrait du journal du siége.*)

Une lettre dit encore :

Lille, le 30 septembre.

Une proclamation énergique du conseil de guerre fut affichée hier, à trois heures de l'après-midi, à la suite d'une sommation que le colonel du régiment de Latour, autrichien, accompagné d'un trompette, sont venus faire, vers midi, aux corps administratifs, de livrer la ville, sans quoi, à trois heures, on commencerait à la bombarder. Effectivement, l'ennemi a commencé à nous assiéger à boulets rouges et avec des bombes ; il en est tombé un très grand nombre qui n'ont causé, jusqu'à ce moment, que l'incendie de l'église St.-Etienne, de quelques petites maisons voisines et de deux ou trois autres dans la rue Equermoise. Nos batteries de rempart doivent avoir causé un grand ravage chez l'ennemi ; on assure qu'elles ont démonté deux des leurs. Nous n'avons pas entendu dire qu'aucun citoyen ait été tué ; un pauvre manouvrier seulement a eu la main blessée d'un boulet.

La municipalité de Lille, à la date du 29 septembre, a envoyé à la Convention nationale la dépêche suivante :

« Nous vous adressons copie de la sommation qui vient de nous être faite de livrer la ville et la citadelle à l'Empereur, nous y joignons une copie de la réponse que nous y avons faite, après en avoir conféré avec le conseil de guerre et avec l'administration du district. »

On vient de lire cette sommation et cette réponse.

La Convention arrête que cette réponse sera honorablement inscrite au procès-verbal de la séance.

DUHEM. D'après les lettres que m'a remises le courrier, voici la situation actuelle de Lille. Cette ville est cernée par 20 à 22,000 hommes ; tous les villages qui l'entourent sont donc au pouvoir de l'ennemi ; il a construit trois batteries, l'une au midi, une autre à l'orient, et la troisième au nord ; il s'est emparé du faubourg de Fives, très populeux et qui joint à un autre village très populeux aussi, faisait presqu'une seconde ville. Ce faubourg a été repris par la garnison, et on a été obligé de le détruire pour éclairer la place. Le faubourg des malades est sans doute destiné au même sort ; il faudra l'incendier, quoiqu'il soit très vaste, très commerçant et très bien bâti. Tout ceci tient à la levée du camp de Maulde. Quant aux dispositions des habitants, je dois dire que le peuple est excellent ; la garde nationale a fait de fréquentes sorties ; elle a pris les armes pour garantir les campagnes environnantes, et toujours on l'a vue pleine de zèle, fournir 7 à 800 hommes quand on ne lui en demandait que 200. Comme la plupart sont d'anciens soldats, nul doute qu'ils ne défendent la ville avec intrépidité. Mais les demandes de secours ont été tellement traînées en longueur que les habitants n'ont plus que pour trois ou quatre jours de vivres. (Il s'élève quelques murmures.) Le temps n'est plus où il faut dissimuler la vérité.

DAOUST. Ce fait est vrai ; mais le ministre de la guerre qui m'en a parlé, m'a en même temps ajouté que les munitions de bouche fournies à la garnison peuvent suffire pour quatre et même cinq mois, qu'il est possible d'en faire servir une partie à la subsistance des habitants pour la très courte durée de ce siège, car 22,000 hommes ni même 40,000 ne peuvent tenir longtemps la campagne autour de Lille.

L'assemblée décide que ses commissaires partiront sur-le-champ.

Le conseil général de la Commune avait transmis la même dépêche au conseil du département qui lui envoya immédiatement cette réponse :

Douai, ce 29 septembre 1792, l'an Ier de la République.

Citoyens,

Vous avez parlé en Lacédémoniens, vous agirez de même.

Vous tenez une des clefs de l'empire, elle ne peut être mieux confiée.

Les administrateurs composant le conseil du département du Nord,

Signés, MICHEL, président, P. A. W. PORENTRU, DOUDAN, DENIER, A. FAUVEL, DONDEAU, J.-B. JOSSON, DELVAL-LAGACHE, commissaire procureur-général syndic, et LAGARDE, secrétaire-général.

JOURNÉE DU DIMANCHE 30 SEPTEMBRE.

Le 30, l'ennemi soutint tout le jour, comme il l'avait fait dans la nuit le feu étonnant de la veille ; l'incendie continua autour de l'église St.-Etienne. Un autre plus considérable encore s'était manifesté dans le quartier de la paroisse St.-Sauveur, où l'ennemi avait dirigé un déluge de bombes. Les citoyens, les soldats animés par la présence des officiers municipaux, s'efforcent d'en arrêter les progrès ; leurs efforts sont vains ; on porte des secours partout où le même danger peut se manifester, et ce n'est pas sans des soins infinis que les citoyens des différens quartiers, veillant jour et nuit, à travers tous les dangers, à suivre la direction des boulets rouges dans la toiture des maisons, parviennent à en arrêter les effets, les jours suivans. (*Journal du Siége.*)

Lettre du conseil du district de Lille au conseil du département du Nord.

Lille, 1er octobre, l'an 1er de la République.

Depuis le départ des gendarmes nationaux que nous vous avons dépéchés hier, l'ennemi a fait un feu considérable sur la ville. Il a tiré des boulets froids, des boulets rouges et des bombes qui ont détruit et incendié une quantité de maisons, notamment dans la paroisse de St.-Sauveur, dans le quartier comprenant la droite de la rue de Fives et la gauche de celle de St.-Sauveur. Tous les secours possibles y sont successivement portés. Nous voudrions tenir ici les calomniateurs du peuple, pour leur faire voir celui de Lille, avec quel calme, quelle tranquillité, quelle contenance il supporte les malheurs inévitables de la position où nous sommes. Ici, c'est un père qui a perdu son fils et sa fille, un mari qui a perdu sa femme, et qui paie sans murmures le tribut à la nature souffrante en disant : *Les scélérats n'auront point la ville pour cela.* Là ce sont des hommes et des femmes, emportant avec eux ce qu'ils ont pu arracher aux flammes. Il faut avouer que les ennemis font une guerre de scélérats ; ils se servent des habitants des campagnes ; ils les font travailler à coups de sabre et de bâton. S'ils se sauvent, ils les arrêtent à coups de fusil. Quand serons nous donc vengés de ces monstres ? Il est dix heures, le feu se ralentit. La nuit sera terrible, l'ennemi change ses batteries. Mais comptez sur nous, nous ne broncherons jamais. Deux cents maisons sont brulées et 2,000 sont plus ou moins endommagées.

NUIT DU 30 SEPTEMBRE AU 1er OCTOBRE.

Extrait d'une lettre du district aux administrateurs du département.

Lille, 2 octobre.

Depuis le départ du courrier, l'ennemi a jeté des bombes pendant toute la nuit ; dix à douze maisons sont endommagées. La tranquillité règne dans la ville. Cependant quelques excès ont été commis ; on a pillé quelques maisons, mais les coupables ont été arrêtés. En attendant les secours dont nous avons besoin, nous tiendrons bon, et nous verrons qui exprimera l'envie et le désir de se rendre.

JOURNÉE DU LUNDI 1er OCTOBRE.

Le 1er octobre, même feu soutenu de la part de l'ennemi, malgré la vivacité du nôtre; des incendies partiels se manifestent encore, des secours prêts et rassemblés à la maison commune y volent avec les pompes.

Ce même jour, arriva le général Lamarlière avec six bataillons de volontaires nationaux, deux de troupes de ligne et trente-sept canonniers citoyens de Béthune. (*Journal du Siége.*)

Extrait d'une lettre du district

2 octobre.

Depuis l'heure du départ du courrier d'hier, l'ennemi a continué son feu; mais il a été plus vif, comme nous l'avions prévu. Il a changé ses batteries. Le côté de la ville, longeant l'Esplanade, est le plus incommodé des boulets; mais les bombes n'atteignent que les maisons de la seconde ligne avoisinant les remparts. Il semble que l'Hôpital et la Maison Commune soient l'objet de leur convoitise incendiaire.

L'incendie du quartier St.-Sauveur continue et l'on s'est occupé à couper les maisons pour arrêter les progrès des flammes. Il était impossible de s'y opposer. L'église St.-Sauveur brule actuellement; l'Hôpital St.-Sauveur est en grand danger et ce serait un grand malheur, s'il était brûlé. Le peuple supporte ses maux avec patience; et quand la ville sera réduite en cendres, il sera encore armé contre l'ennemi.

Proclamation du conseil de guerre tenu à Lille le 1er octobre 1792, l'an 1er de la République française.

« Vous le voyez! un ennemi atroce ne veut pas vous gouverner, il veut vous exterminer. Courage! redoublez de zèle contre les incendies; envoyez dans les campagnes libres vos tendres épouses, vos chers enfants; défendez vos habitations des flammes; soyez assurés, soyez absolument certains, que la République riche de ses vastes domaines et des propriétés des infâmes émigrés, fera rebâtir vos maisons, vous indemnisera de toutes vos pertes ; le conseil de guerre en prend de rechef l'engagement au nom de la nation entière, libre enfin de ses tyrans. Par ordre du conseil de guerre : *Signé* POISSONNIER, secrétaire-greffier. »

La correspondance suivante se rapporte à la même journée.

Lille, le 2 octobre. ·

Depuis samedi 29 à trois heures de l'après-midi, l'ennemi le plus barbare nous a assiégés. Les bombes et les boulets rouges pleuvent sur cette ville.

Ce qu'il y a d'admirable dans cette calamité, c'est que toutes les haines particulières, inévitables dans une population nombreuse, ont été oubliées, pour se réunir et ne composer qu'une seule famille. Partout où la bombe éclate, où le boulet rouge pénètre, les secours les mieux ordonnés et les plus actifs préviennent les malheurs qui pourraient en résulter.

Le quartier de Fives est celui qui a le plus souffert. Nos batteries de rempart ont extrêmement maltraité l'ennemi. S'il faut en croire un des piqueurs désertés qui conduisaient les ouvrages de leurs retranchements, 32 voitures chargées de morts, trainées à quatre chevaux avait déjà été conduites dès samedi au soir à Tournay.

Hier, dans l'après-midi, malgré les maux qui nous affligent , la joie et les cris de *Vive la nation* se sont fait entendre de toutes parts, à l'arrivée de 3 à 4,000 hommes. Depuis deux jours on nous annonce M. de Labourdonnaye, avec 15,000 hommes, et enfin on nous fait encore espérer d'autres secours.

Extrait d'une lettre des administrateurs du département du Nord à la Convention

Douai , 3 octobre , à trois heures.

Représentants de la nation, vous venez de voir, dans les deux premières lettres que nous vous avons adressées, le tableau trop fidèle des malheurs de la ville de Lille. Depuis trois jours , cette ville malheureuse est inondée de boulets et de bombes; un grand nombre de maisons sont en feu et déjà réduites en cendres. Les rues sont impraticables, les administrateurs sont à la veille d'être obligés de siéger dans la place publique. Voilà les funestes

3

conséquences de la levée du camp de Maulde ; voilà les désastres d'une guerre dont on n'a pas vu d'exemple chez les peuples les plus barbares. Mais les braves habitants du département du Nord ne se rebutent pas. — Nos laboureurs offrent leurs bras pour défendre leurs foyers; ils s'arment de tous leurs instruments aratoires. Nous n'avons rien épargné pour seconder la garnison de Lille. Cependant, 18,000 hommes tiennent en échec une ville capable de soutenir le siége de 50,000 hommes. — Une artillerie immense , réunie dans un seul point de notre département , tout le commerce du Nord , semble être abandonné au pillage exercé par nos ennemis. Si vous ne venez promptement à notre secours nous ne savons pas quel sera le terme de nos maux.

JOURNÉE DU MARDI 2 OCTOBRE.

Le 2 , le feu de l'ennemi s'était un peu ralenti , et par intervalles , tourmenté sans doute et affaibli par la vivacité du nôtre , tant de canons que de mortiers ; il nous arriva ce même jour un bataillon de volontaires fédérés.   (*Journal du Siége.*)

Extrait d'une lettre du maréchal-de-camp Ruault , commandant à Lille.

3 octobre.

Depuis le 29 septembre , à deux heures et demie après-midi, les ennemis n'ont pas discontinué de tirer des bombes et des boulets rouges sur la ville : le quart des maisons est incendié ; mais je vous apprends avec plaisir que le courage et l'énergie du corps administratif et des citoyens, non seulement se soutiennent, mais s'accroissent par l'horreur qu'inspire la conduite atroce de ces brigands. Le cri général est que les maisons, dussent-elles être toutes réduites en cendres, les boulevards n'en seront pas moins défendus avec l'énergie d'un peuple qui combat pour la liberté. Le feu de la place ne discontinue point , et j'ai appris avec plaisir que nous avons déjà tué beaucoup de monde à nos tyrans. Le général Labourdonnaye assemble des forces avec lesquelles il pourra attaquer avec succès et opérer une utile diversion. Le maréchal-de-camp Lamarlière vient d'arriver avec sept bataillons ; ce qui soulagera la garnison qui est occupée jour et nuit, soit sur les remparts, soit à éteindre l'incendie.

Autre correspondance du même jour.

Les meurtriers mercenaires qui nous assiégent à boulets rouges et à coups de bombe, depuis samedi dernier, ont redoublé leur fureur pendant la nuit qui vient de s'écouler. Cette rage destructive qui change en bêtes féroces des hommes nés pour vivre en frères, ces déprédations atroces, ces cruautés qui font de la terre un séjour de brigandage, un terrible et vaste tombeau, tout enfin a été employé avec cet acharnement délicieux pour le cœur du féroce tyran.

Plus ce fléau épouvantable rassemble de calamités, plus grande sera notre reconnaissance envers ces braves compatriotes qui ont péri et qui périront pour nous. 10,000 boulets rouges et bombes ont été jetés sur notre cité. Ils ont causé un incendie que de prompts secours ont arrêté heureusement. Hier, deux nouveaux bataillons sont entrés dans nos murs. Insensiblement nos forces se réuniront pour aller chasser ces brigands de notre territoire. Le courrier de Paris n'était pas encore arrivé au soir ; ils sont tous retardés, excepté celui de Dunkerque.

Les administrateurs du district au président de la Convention.

Lille, le 3 octobre, l'an Ier de la République.

Citoyen président, nous vous prions d'informer la Convention nationale que l'ennemi ne discontinue point, depuis le 29 septembre dernier, de lancer, sur cette ville, une grêle de bombes et de boulets rouges qui ont détruit une grande partie de nos plus beaux édifices ; rien ne serait plus capable d'inspirer de l'énergie aux plus timides que de voir avec quelle constance nos nos concitoyens, qui se trouvent sans fortune ni demeure, supportent leurs malheurs. L'amour de la patrie soutient leur courage et leur résignation. Nous savons que la Convention nationale, secondée par le pouvoir exécutif, fera tout ce qui dépendra d'elle pour nous secourir.

Les particuliers nous aident de leur bourse et de leur fortune; mais bientôt ces moyens seront épuisés. Hâtez-vous de nous secourir. Nous nous ensevelirons plutôt sous les ruines de nos murailles que de nous rendre.

A la réception de cette lettre à la Convention, sur la proposition de Manuel, l'assemblée décréta que le comité de la guerre se concerterait sur le champ avec le ministre, pour, séance tenante, prendre une décision sur les moyens de secourir la ville de Lille, et dans la même séance :

CHATEAUNEUF-RANDON, l'un des commissaires chargés de se concerter avec le ministre de la guerre pour la défense de Lille, lit une lettre des deux commissaires du pouvoir exécutif, qui annonce que l'armée de 20,000 hommes, requise dans le département du Nord, se lève avec la plus grande célérité ; qu'un bataillon de fédérés, qui devait se rendre à Béthune, est entré, de son propre mouvement, à Lille, comme au poste du danger; que le général Lanoue, ayant refusé de marcher, a été suspendu, ainsi que le général Duhoux, agitateur secret des ennemis.

Sur la demande du ministre de la guerre, la Convention décrète qu'il y a lieu à accusation contre ces deux officiers.

JOURNÉE DU MARDI 3 OCTOBRE.

Le 3, dès la pointe du jour, le feu de l'ennemi et le nôtre furent très vifs de part et d'autre : la surveillance continuelle des citoyens aux incendies, les arrêtait partout où il s'en montrait (1). Les pompes de la ville suffisaient à peine : ce fut dans les transports d'une joie universelle et d'un sentiment difficile à rendre

---

(1) La familiarité que les citoyens et les soldats avaient prise dès les premiers jours du bombardement, avec l'essaim de boulets rouges lancés par l'ennemi, les avait rendus ingénieux sur les moyens d'en parer le ravage. Chaque rue avait, sur divers points de son étendue, des guetteurs qui, jour et nuit, observaient la direction des boulets : ils les suivaient à la piste au moment de leur chute, volaient promptement à leur découverte, et les éconduisaient, après les avoir noyés à outrance dans les vases que chaque maison tenait pleins d'eau à cet effet.

(*Note du Journal du Siége.*)

que l'on vit arriver à la fois les pompes des villes de Béthune, Aire, St.-Omer et Dunkerque (celle-ci avait envoyé les siennes en poste); elles furent du plus grand service dans ce moment (1).

JOURNÉE DU JEUDI 4 OCTOBRE.

Le 4, l'ennemi avait moins tiré dans la nuit, où il s'était occupé, sans doute, à réparer le désordre que nos batteries avaient pu causer dans les siennes; mais depuis huit heures du matin jusqu'à onze, il fit à la fois le feu le plus vif et le mieux soutenu de bombes, de boulets rouges et de boulets froids, soit que les premiers manquassent à la durée, soit qu'il voulût tromper la vigilance des citoyens à travers l'abondance effroyable d'un tel feu; le nôtre ne fut pas moins soutenu, et l'un et l'autre s'attaquèrent de nouveau vers les deux heures de l'après-midi avec la plus grande violence. Deux bataillons de volontaires et un de troupe de ligne entrèrent ce jour-là même dans la place.

(*Journal du Siége.*)

Le conseil-général du district écrit aux administrateurs du département du Nord, à Douai.

Lille, le 5 octobre.

Citoyens, nous sommes toujours dans la même position; le feu n'a pas été fort vif depuis notre lettre d'hier, les bombes et les boulets rouges ont fait peu de dégâts, grâce à la surveillance de l'admirable peuple de Lille.

Les grains arrivent de Béthune par 30 voitures par jour; nous avons pris des mesures de sûreté nécessaires pour qu'ils nous arrivent. Croiriez-vous que les secours pécuniaires par nous distribués jusqu'à cet instant ne montent qu'à 830 liv. environ. Il y a plus, citoyens, certains ouvriers en ont refusé en disant : « qu'il

---

(1) Des secours en vivres et en défenseurs s'annonçaient de même et arrivaient de toutes parts, tant la courageuse résistance de Lille, à un genre d'attaque aussi révoltant, donnait d'énergie aux habitants des villes contre l'agresseur barbare du sol de la liberté. (*Note du Journal du Siége.*)

» leur restait encore de quoi vivre pendant quatre à cinq jours ,
» et qu'après ils viendront se réclamer de nous » Nous pleurâmes.
Nous pourrions vous citer plusieurs traits de cette nature ; mais
ils se cumulent trop , et les uns l'emportent sur les autres en générosité et en vertu , etc.

Les administrateurs répondent :

Douai , ce 5 octobre , l'an 1er de la République.

Et nous aussi, citoyens, nous avons pleuré d'admiration et de
sensibilité, en lisant votre lettre.

Croyez que si nous n'avions pas aimé, estimé le peuple, nous
ne l'aurions jamais servi ; ces vertus justifient votre dévouement
et le notre; sa cause nous est commune plus que jamais ; que le
peuple connaisse toujours ses vrais amis, il ne manquera rien à
son bonheur.

Nous vous avons autorisés à puiser dans les caisses publiques
pour secourir vos courageux concitoyens; nous vous avons annoncé un secours provisoire de 400,000 livres , le ministre nous
informe qu'il vous l'envoie directement ; ce n'est pas le seul qui
vous soit dû, ni que vous obtiendrez, nous ne dirons pas de la
générosité, mais de la justice de la nation; mais qu'il est glorieux
pour le peuple de Lille d'avoir montré que son courage n'en
dépend pas !

Dites-lui donc qu'il ne sera pas abandonné à ses propres ressources, ni pour son rétablissement ni pour sa vengeance : bientôt ses ennemis craindront pour eux-mêmes tous les maux qu'ils
lui ont faits. Nous avons sous les yeux des preuves qui justifient
les assurances que nous donnons.

JOURNÉE DU VENDREDI 5 OCTOBRE.

Le 5, le feu de l'ennemi qui avait continué pendant la nuit,
mais avec quelques intervalles de repos parut beaucoup moins
vif dans la matinée ; il s'affaiblit sensiblement dans le reste de la
journée et ne tirait plus que quatre à cinq pièces, toujours à
boulets rouges, sans qu'il en résultât d'autres incendies inquié-
tants.

Le soir, à huit heures, arrivèrent au conseil de guerre les citoyens *Delmas*, *Duhem*, *Debellegrade*, *Duquesnoy*, *d'Aoust* et *Doulcet*, commissaires députés de la Convention nationale ; ils y prirent séance dans le moment où l'on agitait la question des sorties vigoureuses proposées par le général Labourdonnaye, commandant en chef l'armée ; idée à laquelle la position formidable de l'ennemi permettait bien moins de se prêter que sur un développement d'attaque ordinaire. Le général commandant lui rendit compte de l'état de la place et de la vigueur des moyens de résistance, opposés jusqu'à ce jour.   (*Journal du Siége.*)

Les commissaires représentants expédièrent à la Convention nationale une dépêche dont il est rendu compte dans la séance du 8 octobre :

On annonce une lettre des commissaires envoyés dans le département du Nord.

Le président montre un boulet en deux morceaux lancé par l'ennemi sur Lille, après avoir été perforé pour qu'il éclatât. Ce boulet a été apporté par le courrier extraordinaire porteur de la lettre des commissaires de la Convention.

VERGNIAUD fait lecture de cette lettre, elle est ainsi conçue :

Lille, le 6 octobre 1792, à deux heures.

Citoyens, nous sommes entrés hier, vers les huit heures du soir, dans cette ville, où l'on rencontre à chaque pas les traces de la barbarie et de la vengeance des tyrans.

Christine, d'après les rapports, est venue jeudi jouir en personne des horreurs commandées par son frère qu'elle a si bien secondé ; on a fait pleuvoir devant elle une grêle de bombes et de boulets rouges pour hâter la destruction de cette belle et opulente cité, qu'elle appela un repaire de scélérats, et qu'elle se plaignait de ne pas voir encore détruite ; elle s'est donné le plaisir de lui envoyer de sa main quelques boulets rouges.

Nos ennemis trompés sur la fermeté et le patriotisme des citoyens de Lille, comptaient qu'une insurrection allait leur livrer la place et c'est pour la provoquer que, sans s'arrêter aux ois de la guerre, ils commencèrent leur feu au retour du trompette qui leur rapportait la fière et républicaine réponse que la municipalité fit à la sommation du duc Albert de Saxe et qu'ils dirigèrent particulièrement leur feu sur le quartier de Saint-Sauveur, le plus peuplé de la ville, et dont les citoyens, toutes les fois qu'il a fallu déployer l'énergie du patriotisme se sont constamment montrés les premiers ; mais ce peuple, sur la lâcheté duquel on osait fonder de coupables espérances s'est trouvé un peuple de héros. Le quartier St.-Sauveur n'est, à la vérité, qu'un amas de ruines : 500 maisons sont entièrement détruites, 2000 sont endommagées par un feu d'artillerie souvent aussi nourri qu'un feu de file; mais c'est là tout ce qu'ont pu les tyrans. Ils n'entreront jamais dans cette importante forteresse, dont ils ménagent les remparts, parce qu'ils appartiennent, disent-ils, au roi de France, et les maisons qu'ils n'épargnent qu'autant qu'elles se trouvent dans la rue Royale et les environs, quartier de l'Aristocratie Lilloise. Sous cette route de boulets, les citoyens que nous sommes venus admirer, encourager et consoler de leur perte, ont appris à déjouer les projets destructeurs de nos ennemis.

On a descendu des greniers et des étages les plus exposés tout ce qui pouvait servir d'aliment au feu. On a rassemblé à la porte de chaque maison, des tonneaux toujours remplis d'eau ; les citoyens distribués avec ordre, veillent les bombes et les boulets rouges, les jugent et donnent le signal convenu ; dès qu'un boulet est entré dans une maison, les citoyens désignés s'y portent sans confusion, le ramassent avec une casserole, l'éteignent, crient *Vive la nation* et courent reprendre leur poste pour en attendre un autre. On a vu des volontaires, des citoyens, des enfants même courir sur les bombes et en enlever la mèche, courir après les boulets pour les éteindre avant qu'ils n'aient roulé dans les maisons. Tout se fait dans le calme, l'ordre règne partout. Trente mille boulets rouges, six mille bombes, ont aguerri les citoyens au point de leur faire mépriser le danger. Les Autrichiens ont beaucoup perdu. Leur feu a cessé, il y a environ deux heures, et l'on dit qu'ils lèvent le siége ; ils se retireront chargés de l'exécration des habitants du pays, qu'ils ont rempli de meurtres de toute espèce, de brigandages et d'actes d'inhumanité et de barbarie dont le récit vous ferait frémir. Une foule d'actions dignes des héros des anciennes Républiques méritent de fixer votre attention. Nous vous les présenterons dans une autre lettre. Les citoyennes ont égalé les citoyens par leur intrépidité; tous, en un mot, se sont montrés dignes de la liberté.

Signés, les citoyens députés-commissaires de la Convention nationale à l'armée du Nord, BELLEGRADE, J.-S.-B. DELMAS, E.-B.-M. D'AOUST, G. DOULCET, DUQUESNOY, DUHEM.

Le représentant Bellegrade écrivait en même temps au député Gorsas:

. . . .

Au milieu des flammes dont la ville de Lille est la proie, nous avons trouvé le courage et l'héroïsme des habitants inflexibles. Je me contenterai de vous citer deux traits: un particulier nommé Auvigneur, servant une pièce de canon sur les remparts, est averti que sa maison avait été allumée par un boulet rouge et qu'elle allait être réduite en cendres. Il se retourne, voit en effet sa maison en feu et répond: « Je suis ici à mon poste, rendons leur feu pour feu. » Et ce citoyen est demeuré à son poste jusqu'à ce qu'il ait été remplacé.

Le curé de Marchiennes, électeur, a aussi donné un exemple éclatant de courage et d'intrépidité. — Le corps électoral était réuni; un boulet perce le mur, et passe entre le secrétaire et le curé de Marchiennes: « Nous sommes en permanence, dit » celui-ci, je fais la motion que le boulet y soit aussi, et qu'il soit » un monument de notre fermeté et de notre assiduité à nos » séances. »

On dit que l'ennemi manque de munitions, et qu'il se dispose à lever le siége, bien assuré que les citoyens de Lille sont prêts à s'ensevelir sous les murs de la ville plutôt que de se rendre. »

Voici une autre lettre des commissaires:

Lille, 6 octobre.

Citoyens, nous avons parcouru hier, dans l'après-dîner, les ruines encore fumantes du quartier St.-Sauveur. Nous étions suivis d'une foule de citoyens qui marchaient avec nous sur les débris de leurs demeures, sur les cendres de leurs meubles, de leurs marchandises, sur leurs parents, leurs amis ensevelis dans leurs décombres; tous déploraient leurs malheurs, et criaient avec courage : *Vive la nation, vive la République, périssent les tyrans!* Quels hommes que ces sans-culottes que l'aristocratie désignait aux Autrichiens comme des lâches que l'on pouvait corrompre, et que ces barbares ont ruinés, écrasés, parcequ'ils n'ont pas voulu leur livrer la place! Nous leur avons juré au nom de la République, qu'ils ne périraient pas de misère, après avoir si courageusement supporté les horreurs auxquelles l'amour de la patrie et la vertu les ont exposés. Nous leur avons dit qu'un peuple qui a eu le courage de se délivrer du lourd fardeau de la royauté est devenu un peuple de frères dont le devoir est de s'aimer et de s'entresecourir ; que dans un gouvernement républicain, l'homme étant compté pour tout ce qu'il est, ne peut jamais gémir pour avoir bien servi la patrie, qui est la mère commune.

Il est certain, citoyens, que l'heureuse résistance de la ville de Lille fait époque dans la révolution. Si cette grande forteresse fût tombée au pouvoir des Autrichiens, plus d'une ville eût voulu, à l'exemple de Lille, échapper aux boulets rouges et aux bombes. Les Pays-Bas se fussent trouvés couverts par nos propres places; et le théâtre de la guerre qui désormais doit être naturellement loin de nos frontières se fût trouvé établi chez nous, dans nos départements, qui eussent fourni à l'ennemi tous les moyens possibles de subsister.

Signés, les citoyens députés-commissaires de la Convention nationale à l'armée du Nord,

Bellegrade, J.-S.-B. Delmas, E.-B.-M. d'Aoust, G. Doulcet, Duquesnoy, Duhem.

P. S. Depuis hier à midi, les Autrichiens ont absolument cessé leur feu ; il parait certain qu'ils se retirent. Leur artillerie de siége est déjà partie. Trois cents hommes de la garnison, envoyés ce matin à la découverte, ont trouvé l'ennemi en force dans les lieux qui avoisinent le faubourg de Fives. Cinq déserteurs Autrichiens viennent d'arriver ; il résulte de leur rapport que l'ennemi occupe encore le camp de Mons en Barreuil et celui d'Hellemmes ; que leurs retranchements sont protégés par deux batteries et gardés par un bataillon de fusiliers et plusieurs demi-bataillons de grenadiers, la cavalerie voltigeant sur les ailes.

Autres détails :

C'est concourir, écrit-on au *Moniteur*, au tribut d'admiration et de reconnaissance que la République entière doit aux braves Lillois, que de recueillir et de publier tout ce qui peut retracer quelques traits de leur héroïque résistance. C'est dans cette vue que nous ajoutons les détails suivans à ceux que nous avons déjà consignés dans cette feuille :

« Le 5, on jouait à la boule avec des boulets sur la grand'place où il en tombait abondamment, et l'on en apportait d'autres dans des baquets. Le même jour, un ouvrier tirait à lui un boulet rouge, avec son chapeau, le chapeau brûla ; d'autres qui étaient à la poursuite du boulet le coiffèrent en cérémonie d'un bonnet rouge.

» Les bombes qu'envoyaient les Autrichiens contenaient de petites fioles remplies d'huile de térébenthine ; et quand elles fe-saient explosion, l'huile enflammée s'attachait aux boiseries et les brûlait. Un boulet rouge tomba sur le coin du grenier de la maison du nommé Grenet, émigré, rue des Jésuites. Le coin du grenier était séparé du reste du bâtiment par un mur assez épais que la recherche du boulet a déterminé à ouvrir. Leur surprise fut extrême en trouvant là une quantité considérable de meubles, de glaces et autres effets précieux ; il y en avait jusqu'au faîte de la couverture. Le procureur-syndic ayant été prévenu de ce fait, a été inspecter les lieux et l'on était encore occupé le len-demain à transférer ces effets. »

JOURNÉE DU SAMEDI 6 OCTOBRE.

Le 6, l'ennemi qui n'avait tiré que par intervalles dans la nuit, répondit encore moins, le jour, à la vivacité du nôtre ; il ne tirait plus que de quatre pièces à boulets rouges, et son feu cessa entièrement dans l'après-midi. Les rapports qui nous furent faits, tant de la part des déserteurs que du dehors, s'accordèrent à annoncer la retraite de l'ennemi et la marche de la grosse artillerie vers Tournai. La nôtre ne le laissa pas plus tranquille dans ses retranchements.   (*Journal du Siège*).

On écrit de Lille, 7 octobre.

Une puissance peut maltraiter un brave homme, mais non pas le déshonorer. Cette vérité s'applique naturellement à la noble et intrépide conduite de Lille. Cette ville a été assiégée par un bombardement et une canonnade de 8 jours consécutifs : 60,000 boulets rouges et bombes, au moins, ont détruit ses propriétés. Un tel acharnement n'a pas d'exemple. Tant d'horreurs ont été supportées avec cette fermeté et cette tranquillité qui caractérisent le courage héroïque d'un peuple libre. Lorsqu'une maison est devenue inhabitable, le voisin s'est empressé d'offrir l'hospitalité aux victimes du moment et de partager avec elles ses vivres et son aisance, s'il est possible, d'en jouir dans les horreurs d'une telle calamité. Tout était commun : *Buvez, mangez*, leur disait-on, *tant que ma provision durera ; la Providence pourvoira à l'avenir.* Un ordre s'est naturellement organisé dans chaque quartier, dans chaque rue; des vases pleins d'eau étaient à toutes les portes ; pendant la nuit, les maisons étaient gardées par des veilleurs. Un boulet rouge venait-il à pénétrer quelque part, un cri se faisait entendre : *C'est chez un tel !* Vingt citoyens à l'instant avec chacun un seau d'eau à la main, venaient porter du secours, et l'on n'essuyait plus alors de dommage que celui qu'occasionnait la fracture du boulet ou le fracas de la bombe.

Malgré ces secours fraternels et civiques, la première nuit du bombardement, dont l'effet terrible n'était pas connu de tout le monde, l'église de St.-Etienne, quelques petites maisons qui l'entouraient, deux dans la rue Equermoise, l'extrémité de la rue de Fives, toutes les rues du Croquet, de Pois, du Curé-Saint-Sauveur, les moulins de Garence, et quelques autres maisons éparses dans différents quartiers, ont été incendiées. Enfin, hier, à pareille heure, a fini le carnage horrible que les meurtriers avaient commencé par les ordres du farouche Albert, le samedi

précédent. Sa femme a eu l'atroce curiosité de venir au camp
d'Hellemmes pour repaître ses yeux de ce terrible spectacle. Son
cœur sanguinaire a dû être satisfait. Le feu a été plus vif en sa
présence, et ses satellites ne pouvant encore répondre à son im-
patiente barbarie, ils ont tiré quelques volées à boulets froids,
parce que la charge devenait moins longue. Elle a voulu voir
l'effet effroyable des bombes du poids de 500 livres; deux mortiers ont éclaté et ont mis en pièces 30 à 36 hommes qui entouraient la batterie infernale.

JOURNÉE DU DIMANCHE 7 OCTOBRE.

Le 7, nul feu de l'ennemi ne s'était fait entendre dans la nuit,
deux salves de notre artillerie précédèrent la découverte que le
général avait ordonné de faire à 6 heures du matin. M. Bourde-
ville, 1er lieutenant-colonel du 74e régiment, sortit par la porte
de St.-Maurice avec deux cents hommes, deux compagnies de
grenadiers et un détachement de hussards; plusieurs coups de
mousqueterie des vedettes de l'ennemi sur ceux-ci et quelques
autres parties des retranchemens, ne laissèrent aucun doute sur
sa présence; le lieutenant-colonel qui avait eu ordre de marcher
avec précaution et de ne rien hasarder, fit sa retraite sous la
protection du feu de la place. Des déserteurs nous rapportèrent,
en effet, à midi, que l'ennemi gardait encore ses retranchemens
avec un bataillon d'infanterie, de nombreux piquets de grenadiers et deux dernières pièces de canon.

(*Journal du Siége.*)

Lille, le 8 octobre.

Enfin le chef des Cannibales a fait retirer sa bande, qui a porté
dans nos murs, pendant huit jours, sans relâche, le feu et le
meurtre. Il paraît, s'il faut en croire deux déserteurs amenés ici,
que son projet est de se porter sur Condé, où, pour mettre le
comble à sa lâche barbarie, il va finir d'émousser sa rage contre
les remparts; il est du moins certain que son armée s'achemine
de ce côté. Nul doute que les citoyens de cette place ne soient
animés du même esprit dont les Lillois viennent de leur donner

un si bel exemple. Les tigres se retireront chargés de honte , de malédictions et du mépris de toutes les nations policées. On nous a assurés qu'on a trouvé dans leurs retranchemens, sous le canon du rempart de Lille , plus de 200 morts ; que le même nombre a été trouvé dans les différentes maisons que l'on a eu l'imprudence de laisser subsister et qui leur servaient de retraites.

IV.

8 OCTOBRE. — LEVÉE DU SIÉGE. — DÉTAILS QUI S'Y
RAPPORTENT.

Le 8, le général fut informé, dans la matinée que l'ennemi
avait fait sa retraite dans la nuit et se portait de l'autre côté de la
Marque, à-peu-près à moitié route de Tournai ; il ordonna do
suite, au maréchal-de-camp Champmorin, de se porter en avant
du faubourg de Fives, à la tête d'un détachement de cinq cents
hommes des volontaires nationaux et des troupes de ligne aux
ordres de M. Dorières, lieutenant-colonel du 15e régiment et de
M. O. Keef, lieutenant-colonel du 87e régiment, suivi d'un
détachement de hussards, et de faire raser les retranchemens de
l'ennemi par deux cents travailleurs commandés: nombre de
citoyens s'y portèrent en foule, ce qui n'éprouva aucun obstacle.

Ce même jour, les incendies fumaient encore, mais tout était
calme dans les murs de Lille ; l'ennemi avait remporté avec sa
honte ses instrumens de guerre brisés; sa perte, suivant nombre
de rapports, peut être évaluée à environ deux mille hommes,

tant tués que blessés, parmi lesquels nombre de ses canonniers et bombardiers.   (*Journal du Siége.*)

Lille, le 9 octobre.

Le farouche Albert a enfin fait retirer ses bandes de satellites de dessous les murs de Lille, où, après une tempête si longue et si terrible, l'on jouit des douceurs de la paix et d'une tranquillité parfaite. Hier environ 1000 hommes de notre garnison, travailleurs en armes, commandés par M. Dorières, lieutenant-colonel du 15e régiment, sont sortis pour aller s'assurer si l'ennemi ne s'était pas retranché dans les bois voisins qu'il avait derrière lui et pour détruire ses retranchemens. Un grand nombre de bourgeois, armés de pioches, pelles, haches, etc., se sont réunis à eux pour contribuer à la destruction des ouvrages immenses à l'abri desquels les Cannibales nous ont fait tant de mal. Les corps du génie et de l'artillerie, qui ont été visiter ces travaux, n'ont pu se défendre de témoigner leur surprise de ce qu'on ait pu en si peu de temps avoir bouleversé des masses si énormes de terre et surtout perfectionné des retranchements au point où ils étaient pour ne redouter absolument que la bombe. On a trouvé des canons abandonnés, mais hors de service, une assez grande quantité de boulets, de gabions, de chevaux de frise et une infinité d'attirails de guerre. Déjà hier, on en a conduit à Lille 15 à 20 voitures. Il paraît certain aujourd'hui, les déserteurs, les prisonniers et les paysans des environs s'accordent sur ce fait, que le feu de nos remparts a délivré la nature de 4000 au moins de ces misérables meurtriers. Ce fait ne peut guère être révoqué en doute, si l'on en juge par la très grande quantité de bombes éclatées dans leurs retranchements et par les boulets qu'on y trouve.

Outre un grand nombre de chariots chargés de ces victimes qu'on a amenées, et les morts abandonnés sur la place, on découvre beaucoup de fosses où les cadavres entassés infectent l'atmosphère ; plus de 300 chevaux sont aussi étendus sur les campagnes. On voit que l'on y a coupé des tranches aux plus gras pour les manger. Pendant ce bombardement il ne nous est venu aucun déserteur. Ces meurtriers mercenaires étaient rete-

nus par les promesses d'un pillage de quinze jours , par l'espoir
de. passer les citoyens au fil de l'épée pendant trois jours et de
commettre tous les crimes dans Lille, jusqu'à ce qu'enfin chacun
eût au moins 1000 écus en poche. Les retranchements étaient sur
deux lignes ; ils commençaient au pied d'Hellemmes et s'éten-
daient jusqu'au faubourg de Fives et près celui des Malades. Les
batteries étaient placées en échelons et à cent pas de distance. La
tente du général était entourée d'un retranchement de vingt pieds
d'épaisseur.

L'ennemi qui dévastait et qui occupait depuis quelque temps
les postes de Roubaix , Lannoy, Tourcoing et leurs alentours ,
vient de les évacuer. Ces brigands se sont repliés en même temps
que ceux qui étaient sous les murs de Lille.

Les représentants de la nation, commissaires de la Convention
nationale adressèrent la proclamation suivante aux habitants de
Lille :

Citoyens, vous venez de prouver à l'Europe votre amour pour
la liberté et votre haine pour la tyrannie.

Vous avez vu périr vos frères , réduire en cendres une partie
de vos propriétés et vous êtes restés fidèles au poste où la patrie
et l'honneur vous avaient placés. Vous vous êtes élevés à la hau-
teur de la révolution mémorable et salutaire du 10 août dernier.

VOUS ÊTES DIGNES D'ÊTRE RÉPUBLICAINS.

Au milieu de l'incendie, prêts à périr sous les décombres de
vos habitations, votre voix ne s'est fait entendre que pour crier :
Vive la nation , périssent les despotes; nous voulons être libres ;
et nous le serons !

Ces brigands de l'Autriche, ces lâches émigrés, peuvent détruire, avez-vous dit , toutes nos maisons; mais les remparts de
la place nous resteront, et les habitants et la garnison de Lille ne
se rendront point.

CITOYENS , VOUS AVEZ BIEN MÉRITÉ DE LA PATRIE.

Les commissaires de la Convention nationale étaient venus

4

partager vos dangers. Les représentants de la République française doivent donner l'exemple de mourir en défendant la sou-
veraineté du peuple et son indépendance.

Ils veulent assurer de tout leur pouvoir la liberté et l'égalité,
sous l'empire des lois.

Vous venez par votre courage, par votre attitude fière et im-
posante, de placer une colonne au grand édifice de la félicité
publique.

La Convention nationale à qui nous allons transmettre le tableau affligeant de votre situation, applaudira à votre patriotisme.
Elle ne tardera pas à acquitter envers les citoyens de Lille, une
dette sacrée. Vos pertes sont considérables, vous serez justement
indemnisés. Comptez sur sa sollicitude paternelle.

Les rois furent toujours inhumains et parjures. Les représentants du peuple ne manqueront jamais à leurs engagements. Ils
ne veulent que son bonheur ; ils veilleront sans cesse au salut de
la république et à la prospérité de la grande famille.

Citoyens, n'oubliez jamais qu'un roi parjure et corrupteur est
la cause que ses satellites, que des rebelles ont porté le fer et la
flamme sur le territoire français : qu'ils ont massacré vos frères;
qu'ils ont ravagé vos maisons; qu'ils ont incendié vos habitations.

Vouez à ces monstres altérés du sang humain une haine éternelle et qu'ils sachent que les patriotes français, plutôt que de
courber leur tête sous le joug affreux du despotisme, sont tous
résolus à périr les armes à la main.

A Lille, le 3 octobre 1792, l'an 1er de la République française.

Signé, E. J. M. DAOUST, GUSTAVE DOULCET, J. F. B.
BELMAS, A. BELLEGRADE, P. J. DUHEM, ERNEST DU-
QUESNOY.

Les officiers municipaux de la ville de Lille écrivirent la lettre
suivante au président de la Convention nationale :

«Enfin, l'ennemi nous a délivrés de sa présence ; nous sommes
maintenant à couvert des effets de sa rage et de ses projets atroces

contre la liberté et l'égalité. Il emporte avec lui l'exécration de
l'univers, et la certitude de nous payer chèrement, un jour ou
l'autre, les maux qu'il nous a faits ou qu'il était dans l'intention
de nous faire. 2 à 3,000 hommes des siens, tués ou blessés dans
cette expédition de Cannibales, et toute sa grosse artillerie entièrement démontée et hors d'état de service, sont les avant-cou-
reurs de notre vengeance, et l'ont forcé à la retraite. Nous
espérons, citoyen président, que vous apprendrez la nouvelle
avec autant de plaisir que nous en prenons à vous l'annoncer. »

Le journal du Siège nous apprend que le 9, la destruction du
siége a été poursuivie aux ordres du lieutenant-colonel Guiscard,
commandant de l'artillerie et deux lettres nous fournissent les
détails qu'on va lire :

Lille, le 10 octobre.

Toute l'intrépidité, toutes les vertus qu'inspire chez les peuples
les plus libres, le sublime amour de la patrie, on en a trouvé
parmi les habitants de Lille, de touchants et mémorables exem-
ples. — Le quartier exposé au bombardement de l'ennemi, et
que les monstres avaient choisi comme le plus peuplé est celui
qui avait témoigné le plus de civisme. Sur les ruines encore
brûlantes, au sifflement des boulets rouges, un seul sentiment
s'est manifesté, un seul cri s'est fait entendre : *Vive la liberté !
Vive la République !* Toutes les classes de citoyens, tous les âges
ont des traits d'héroïsme à citer. — Un enfant de quatorze ans
vit tomber une bombe, il arracha la mèche. — Un citoyen, peu
fortuné, avait vu réduire en cendres sa maison et tout ce qu'il
possédait ; des amis citoyens généreux lui offrirent des secours.
« J'ai encore de quoi subsister pendant quatre jours, dit-il ;
après ce temps, je vous en demanderai. » — Une bombe éclate...
c'est à qui pourra en avoir des morceaux. Un perruquier en
prend un, et il s'écrie aussitôt : « Voilà mon plat à barbe, qui
veut se raser ? » A l'instant il rase à la même place où était
tombé la bombe, et dans cet éclat, quatorze personnes.

Notre garnison, pendant cette semaine calamiteuse, s'est aug-
mentée journellement ; elle a partagé avec le citoyen ce civisme

pur, cette résolution inaltérable de vivre pour la liberté et l'égalité, ou de mourir en les défendant. Les bivouacs, les patrouilles,
le service de l'artillerie des remparts, les secours qu'elle portait
en bravant les dangers, partout où le feu se manifestait, tout enfin
lui a mérité, tant aux officiers de tous grades qu'aux soldats, une
reconnaissance sans bornes. La compagnie de Besançon et de
volontaires canonniers ont également fait un service assidu et
très pénible. — On apprend tous les jours quelque nouveau trait
d'horreur de la part des Autrichiens et des émigrés assiégeants.
Ces monstres ont, dit-on, tourmenté des derniers supplices des
Belges qu'ils avaient pris. Une femme, l'atroce Christine, présente au siége, reprochait aux canonniers la lenteur de leur feu.
A sa voix les tubes de bronze furent remplis de cordages gou-
dronnés, de poids de tournebroche, d'instruments tranchants
pour vomir dans cette malheureuse ville le carnage avec plus
d'abondance. — Ces ennemis féroces n'ont remporté de cette
horrible expédition que la certitude d'avoir avancé la chute *de
la maison d'Autriche.*

Du 11.

M. Milcamp, officier belge, mande de Quesnoy, où il est en
détachement, que le 7, les Autrichiens sont venus en nombre au
Pont-Rouge, avec deux pièces de canon et un obusier. Le commandant du détachement des Belges, posté à Quesnoy, s'est
aussitôt mis à la tête de 100 hommes, avec une pièce de canon,
et a marché contre cette troupe qui avait passé la rivière et se
disposait sans doute au pillage. Elle a été repoussée vigoureusement, et 30 de ces brigands, parmi lesquels se trouvent plusieurs
de leurs officiers, ont été tués. De notre côté, nous avons perdu
le brave capitaine *Defleur,* un chasseur belge et un grenadier du
du régiment ci-devant Dillon; nous avons eu 4 chasseurs belges
blessés. Les brigands dans leur retraite, pillent, incendient et
massacrent tout ce qu'ils rencontrent sur leur passsage. Sortant
de Seclin, ils ont été incendier 24 à 25 maisons du village de
Phalempin, et assassiner un grand nombre de ses malheureux
habitants. Voulant assouvir leur rage sur le curé constitutionnel, ils ont donné la mort à un citoyen Carnie qui habitait en

société avec d'autres moines. Ce malheureux n'ayant pas été assassiné sur le coup, confessa à son bourreau qu'il était aristocrate et moine. Le scélérat lui répliqua en bon français : « *Quoi, ce n'est pas toi qui es le curé constitutionnel! j'en suis fâché ; mais puisque tu es à moitié mort...* » A ce mot, il lui plongea son sabre à travers le corps. Ce mot rappelle celui de Louis XI. . Tristan, son bourreau, qu'il appelait *mon compère*, s'était mépris sur une de ses victimes... « *Il serait mort tôt ou tard* » répondit froidement le roi. Un fermier avait vendu pour 100 écus de blé ; un de ces assassins en fut informé, vint enlever cette somme et abattit la tête à ce malheureux père de famille. On dit que ce sont des émigrés qui ont commis ces horreurs. Pendant le bombardement de Lille, une troupe de femmes d'émigrés sont venus voir cet horrible spectacle, et envoyaient de l'eau-de-vie aux canonniers. *Le farouche Albert leur avait fait apporter des fauteuils pour être témoins commodes de sa barbarie.* A Comimes, le ci-devant chapitre, de cette ville est revenu s'installer, on a célébré une messe solennelle, et, les Autrichiens allaient de maison en maison pour forcer, la baïonnette dans le dos, les habitants d'y assister.

Le citoyen général Laboudonnaye vient d'arriver.

Il ne nous paraît pas inutile de faire connaître ici, d'après des documents officiels, les forces de la garnison et le personnel de l'état-major et de l'administration municipale de Lille, pendant le bombardement :

Etat des troupes au 5 septembre.

Volontaires.—La Manche,—1er de l'Oise,—3e de l'Oise,—4e
      de la Somme,   2012 hommes.
Infanterie.—15e rég.,—24e,—56e,—90e,   2400
Artillerie.—3e id.   132
Cavalerie.—6 et 13e r.,—1 esca. de hussards, 1128
                           ———

       Total au 5 septembre,   5672

Troupes arrivées dans la place à commencer du 11 septembre :

11 septembre.	—L'Eure ,		467
14	id.	Le Nord ,	368
20	id.	2ᵉ de la Somme ,	660
21	id.	Calvados ,	644
	id.	2ᵉ idem ,	745
	id.	Pas-de-Calais ,	482
1ᵉʳ octobre.	—6ᵉ bataillon des fédérés ,		362
	id.	8ᵉ id.	400
	id.	14ᵉ id.	450
	id.	15ᵉ id.	540
	id.	16ᵉ id.	480
	id.	17ᵉ id.	564
4	id.	22ᵉ d'infanterie ,	620
5	id.	19ᵉ id.	658

Total , 14075

Etat-major , composant le conseil de guerre.

MM. Ruault , maréchal-de-camp.

Lamarlière , idem.

Champmorin , id. chef de brigade du génie.

Bryan , chef de légion de la garde nationale.

Varennes , colonel du 15ᵉ régiment d'infanterie.

G. Guiscard , lieutenant-colonel commandant l'artillerie.

J.-B. Garnier , id. du génie.

Tory , id. du 2ᵉ bataillon de la Somme.

Raingard , id. du 4ᵉ bataillon de la Somme.

Long , id. du 19ᵉ d'infanterie.

Danglas , id. du 22ᵉ id.

Clarenthal , id. du 6ᵉ régiment de cavalerie.

Baillot , id. du 13ᵉ id.

Membres composant le conseil-général de la Commune de Lille.

Corps municipal.

Maire. François-Etienne-Jean-Baptiste ANDRÉ.

Officiers municipaux. Barthélémy Brovellio.

Philippe-Joseph Questroy.

Pierre Maricourt.

Jacques Charvet.

Nicolas-Joseph Saladin.

Pierre-Marie-Régis Durot.

Jean-Louis-Mathurin Bernard.

Guillaume-Joseph-Lefebvre D'Henin.

Alexis-Joseph Mottez.

Benoit-Joseph Forceville.

François-Régis Devinck-Thiery.

Louis-Joseph Scheppers.

Philippe Brame.

Théophile-Joseph Lachappelle.

Philippe-Joseph Mourcou.

Jean-Bap.-Aimable-Jos. Hautecœur.

André-Joseph Selosse.

Procureur de la Commune. François-Joseph Sacqueleu.

Substitut. Henri-François-Marie Devinck.

Par intérim. Philippe-Alexandre Rohart.

Notables. Thomas-Joseph Roussel.

Guillaume-Simon-Albert Cuvelier-Brame.

François-Joseph Becu.

Jean-Baptiste Walop.

Jean-Baptiste-Augustin Didier Taviel.

Joseph Dehau.

Nicolas-Joseph Gentil.

Jean-Baptiste Prouvost.

François-Joseph Dupont.

Louis-Joseph Nolf.

Jacques-Bruno-Joseph Houzé.

Pierre-Joseph Sauvage.

Charles-Louis-Joseph Becu.

Jean-François Detoudi.

Alexandre-Joseph Deledeuille.

Séraphin-Joseph Mannier.

Pierre Dupont.
Philippe-Auguste Petit.
François-Bonaventure Théry.
Louis-Joseph-Michel-Fortuné François.
Henri-Elisabeth Moreau.
Aylmer Bryan.
Hubert-François-Joseph Capron.
François-Martel Delannoy.
Charles-François-Joseph Lefebvre.
Henri-Louis-François Laurent.
Jean-Baptiste Deledeuille.
Louis-Augustin-Joseph Dathis.
Ferdinand-Joseph Delannoy.
Philippe-Joseph Degand.
Louis-Joseph Decroix.
Hippolyte-Joseph Pinte.
Louis-François Darcy.

V.

LES ÉMIGRÉS PENDANT LE BOMBARDEMENT.

Nous désirons publier sous ce titre quelques lettres interceptées pendant le siége; elles feront connaître quelles idées préoccupaient les émigrés, à cette époque :

On écrit au *Moniteur* de

Valenciennes 19 octobre.

C'est dans leurs correspondances, dit-on, que l'on connaît *les grands hommes.* Si ce proverbe est vrai, rien n'est moins grand que les fiers ennemis de la France, rien n'est plus petit que leurs projets, rien n'est plus certain que leur détresse. C'est dans les effusions de l'amitié qu'ils se confient mutuellement leur faiblesse et leur désespoir. Quelques lettres surprises et communiquées achèvent de prouver tous les jours que ces hommes ne seraient que méprisables s'ils étaient moins barbares. Voici une lettre fort curieuse pour *le temps, le style et le sujet.*

Lettre écrite à Bruxelles, le 7 octobre, à M. le général d'Happoncourt, au quartier général de l'armée, devant Lille.

Vous me demandez des nouvelles, mon général, je vous en

donnai avant-hier d'assez facheuses; vous devez les avoir reçues au moment où je reçus votre lettre, hier soir.

Dumouriez s'est maintenu dans le poste de Sainte-Menehould; 80,000 hommes n'ont osé entreprendre de le déposter. Le roi de Prusse et autres se sont repliés sur Verdun et le pays de Luxembourg; et voilà, à ce que l'on croit, le voyage de Paris *remis au printemps prochain*. Personne ne peut rien comprendre à cette déconvenue; car Dumouriez était entouré de tous les côtés et traqué dans les bois d'Argonne. Il a feint de vouloir capituler, on lui a accordé quatre jours de suspension d'armes; il a manœuvré avec l'assemblée, et 80,000 hommes se sont retirés faute de vivres, et n'ont pu tenir. Cette étonnante aventure est bien malheureuse; car l'audace des patriotes d'une part, le découragement de l'autre, sont deux choses bien dangereuses *à la fortune publique*. Montesquiou, de l'autre côté, arrivé jusqu'à Chambery et Montmélian *en est repoussé*; mais ce n'est qu'après qu'il a soulevé tout ce pays, qu'il faut réprimer dans ce moment. Il est bien étonnant que Dumouriez et Montesquiou tiennent tête à toutes les puissances de l'Europe et déjouent toute la politique des cabinets *qui ne savent plus où ils en sont*. *Du canon, puis du canon*, voilà le seul remède.

L'Espagne se déclare enfin, et arme par mer et par terre. Tout cela, venant l'un après l'autre, donne tout le temps aux brigands et à l'assemblée de faire de la France un monceau de ruines; après quoi ils s'occuperont de détrôner les autres rois et feront un désert de l'Europe, pour y établir une république universelle; ou bien c'est la fin du monde.

Tout le monde parle ici de *la conduite et bravoure* de Son Altesse de Saxe devant Lille et de celle de son armée. J'espère que vous êtes trop avancés à présent pour abandonner l'entreprise qui vous ouvre la Flandre et qu'il n'en sera pas comme de Thionville et la Champagne. On dit qu'on vous renvoye M. de Clairfayt et son armée de ce côté ci. Si on s'y prend bien, la saison peut encore vous fournir des moyens d'occuper les troupes qui, dans l'oisiveté, pourraient se corrompre par le contact des sans-culottes et des patriotes brabançons; s'il y a un moyen de l'empêcher, c'est l'occupation.

Vous voyez, mon général que mon imagination est aussi triste que le drapeau des assiégés de Lille. C'est pourquoi je vous termine cette jérimiade en vous offrant mon hommage et en vous embrassant de tout mon cœur.

Lettre écrite par la princesse de*** au prince de L... au camp des Autrichiens, vers Maubeuge.

Je ne vous ai pas écrit depuis plusieurs jours, parcequ'en vérité je n'en ai pas eu la force. Les nouvelles se sont succédé d'une manière si bizarre et ont fini d'une façon si funeste, que je n'ai pas deux idées ensemble. Vous savez que l'armée recule pour prendre incessamment, ou ses quartiers d'hyver, ou d'autres déterminations qui ne sont pas meilleures. Voilà assurément une belle cacade, et il faut que tout le monde ait perdu la tête et cela apprendra à ne pas mépriser des ennemis qui ne sont méprisables que par leurs crimes. Enfin, je sors de ma profonde tristesse pour vous dire qu'il faut que vous écriviez tout de suite à Bâle, où vous avez placé toute mon argenterie, linge et toute la boutique, attendu que ce pays ne tient à rien, qu'on s'y enfuit déjà, et qu'il faut que vous mandiez de prendre les moyens les plus efficaces et des plus prompts pour faire venir tout ça ici, si vous ne voulez pas le perdre. Ce que je n'imagine pas. Ne l'oubliez pas, je vous en prie, car c'est très essentiel. Je ne vous parlerai pas de ma santé, car je ne sais ce qu'elle est. Je suis horriblement fatiguée des contrariétés perpétuelles qui assiégent tous les honnêtes gens, à commencer par moi. Adieu, je vous embrasse, je suis plus triste qu'un mort. Adieu.

Lettre de M. Renette, colonel du régiment de ligne, à M. le baron de Montigni, lieutenant-colonel et commandant le même régiment au camp de Lille.

2 octobre.

Mon cher lieutenant-colonel, j'ai reçu votre lettre avec grand plaisir; l'intérêt que je prends au régiment me le fait désirer vivement. Je suis et j'ai toujours été de l'avis que le siége de Lille n'irait pas. Comment a-t-on pu l'entreprendre? Est-il vrai que le général Braun est très malade? On m'assurait hier que, dès le 3 de ce mois, le prince de Brunswick s'était retiré, ainsi que le général Clairfayt; le premier s'est laissé tromper par Dumouriez en lui accordant un armistice pour vingt-quatre heures. On a brûlé les magasins à Spire, le drapeau de M. Erbach a décidé la garnison de Landau d'en sortir pour faire des incursions; Mayence a été dans des transes cruelles, je désire que M. de Nassau puisse les repousser. Si nous levons le siége, et que nous n'emportions pas Thionville, nous serons inquiétés tout l'hiver sur nos frontières. Il est très malheureux que le prince de Brunswick échoue vis-à-vis d'un Dumouriez. Toutes les physionomies se dérident ici, à ces bonnes nouvelles, pour nos démocrates et malveillants qui ne sont pas en petit nombre ici. Je vous remercie des peines que vous vous donnez pour les tentes. Vous connaissez comme moi, la parfaite indifférence de nos messieurs pour ce qui n'est pas leur charge. Patience.

VI.

DÉFIANCES RÉVOLUTIONNAIRES. — LE GÉNÉRAL DUHOUX. — ARRESTATIONS. — INSURRECTION A CAMBRAI.

Quand Lille voyait approcher l'ennemi de ses murs, ses officiers municipaux demandaient à grands cris des soldats et des
approvisionnements. Ils s'adressaient à la Convention nationale
et au pouvoir exécutif, et si l'assemblée ou les ministres ne trou-
vaient pas les moyens matériels de suffire aux besoins du moment,
ils répondaient par l'audace et la terreur. C'est ainsi que le ministre ROLAND écrivait la lettre suivante aux officiers municipaux de la ville de Lille.

Le 15 septembre 1792.

Les gémissements continuels que vous poussez, Messieurs,
sont fatigans. Le ministre de la guerre m'assure que vous êtes
approvisionnés en munitions, en hommes et en vivres, de manière à résister à des forces bien autrement imposantes, que
celles dont vous êtes menacés. Vous demandez des armes, mais
à quoi serviraient donc des places, s'il fallait toujours les défendre
par des camps ? Votre place défiait les potentats du Nord, lors-

qu'elle n'avait que des satellites du despotisme dans ses murs, et elle tremblerait aujourd'hui, qu'elle est défendue par des soldats de la liberté. Cessez, Messieurs, cessez des plaintes pusillanimes et déshonorantes, ayez la noble fermeté de vous ensevelir sous les ruines de vos fortifications, que nos ennemis connaissent ce généreux dévouement, et vous les ferez fuir.

Ils n'inondent votre territoire, ils ne vous harcèlent, que parce qu'ils espèrent encore de trouver des traîtres, ou des lâches. Voilà, Messieurs, ce que mon âme opprimée par votre défaut de courage, doit vous dire. J'ajouterai cependant pour exciter votre confiance, que si des dangers pressans vous environnaient, on volera de toutes parts pour combattre et détruire vos assail-lants.

Le ministre de l'intérieur,
ROLAND.

A cette lettre les officiers municipaux répondaient :

Lille, ce 19 septembre 1792.

Monsieur,

Le style et le ton de votre lettre du 15 de ce mois, nous imposent le devoir inflexible d'y répondre, sous peine d'avouer par notre silence que nous méritons les qualifications infâmantes de traîtres et de lâches. Nous allons le faire, avec cette noble et franche fermeté, que des hommes libres ne doivent perdre qu'a-vec la dernière goutte de leur sang, versé pour la défense de la Patrie et de l'Egalité.

Nous vous avons rendu avec exactitude les comptes de notre situation, nous vous avons sollicité avec les plus vives instances réitérées, à mesure de l'urgence des besoins impérieux, de nous mettre en état de faire agir efficacement notre zèle et notre courage, ainsi que celui de nos concitoyens, afin que nos efforts ne fussent pas perdus pour le salut de la chose publique. A tout cela, monsieur, vous répondez, le 15 de ce mois, que *les gémisse-ments continuels que nous poussons sont fatigans;* que le ministre de la guerre vous assure que nous sommes approvisionnés en munitions, en hommes et en vivres, de manière à résister à des forces bien autrement importantes *que celles dont nous sommes menacés.*

Nous ne nous permettrons pas de douter que le ministre de la guerre ne vous ait donné l'assurance dont vous nous parlez au sujet de nos approvisionnements, mais nous oserons lui dire, ainsi qu'à vous, monsieur, que les comptes à lui rendus sur cet objet sont d'une fausseté insigne, constatés par les rapports de nos généraux, qui n'ont cessé de demander toute sorte d'approvisionnements dont notre place avait besoin.

Et vous traitez nos sollicitations réitérées, de gémissements fatigans que nous poussons continuellement ! Ainsi donc nos généraux poussent aussi continuellement des gémissemens fatigans, car ils ne cessent de demander des forces... des forces... et puis encore des forces... Non parce que nous sommes menacés, mais parce que l'ennemi, après avoir ravagé vingt lieues de notre territoire, est à nos portes.

Vous paraissez étonné que nous réclamions des armes et vous vous écriez avec le ton et l'expression de l'indignation : « A quoi serviraient donc les places etc. »

Monsieur, il ne nous appartient pas de décider s'il faut toujours des camps pour défendre des places ; mais nous pouvons dire avec vérité, que nos généraux ont unanimement pensé qu'il fallait un nombre suffisant de troupes dans une place, quelle que fût sa force, non seulement afin de pouvoir soutenir avec succès les attaques des ennemis qu'il est impossible de repousser avec une poignée de soldats, mais encore pour se mettre en état d'en purger absolument la terre de la liberté qu'ils ont souillée, sans attendre leurs attaques.

Les habitants de notre ville, les soldats citoyens en petit nombre qu'elle renferme, ne tremblent pas; ils en sont incapables, soyez-en bien convaincu ; mais ils veulent verser leur sang avec utilité pour la patrie, et leur désir serait vain, leur but serait manqué, si on nous laissait en l'état actuel des choses ; vous n'y croyez pas, monsieur, à en juger par ces autres expressions de votre lettre :

« Cessez, Messieurs, *des plaintes pusillanimes et déshonorantes, etc.* »

Notre cœur a bondi à la lecture de ce passage, il se soulève encore en le transcrivant, et c'est à des Français, à des hommes libres, à de braves citoyens, que vous vous permettez de tenir un pareil langage ! Non, monsieur, non, il n'est pas de vous, c'est à coup sûr celui d'un de vos commis, car vous êtes connu pour très éloigné de penser aussi défavorablement de vos concitoyens, sans les connaître.

Quoiqu'il en soit, nous nous garderons bien de descendre ici jusque à la justification ; forts de la pureté de nos intentions et de notre amour inviolable pour la Nation, pour la Liberté, pour l'Egalité ; forts de ces sentiments dont brûlent tous nos concitoyens, nous nous bornerons à vous prier instamment d'ordonner à vos commis de mesurer désormais leurs expressions et de n'en jamais employer vis-à-vis de nous, d'aussi déplacées.

Soyez en outre bien convaincu, monsieur, que nos ennemis et l'Europe entière, apprendront que les Lillois sont dignes d'être libres et ne perdez jamais de vue ce que nos généraux répètent sans cesse, avec vérité, comme avec raison, que le courage produit bien des actions d'éclat, mais qu'il faut les continuer pour vaincre complétement, à quoi il est démonstrativement impossible de parvenir, sans un nombre suffisant de combattants.

Voilà ce que notre cœur comprimé par votre langage, voilà ce qu'une noble fermeté nous forcent impérieusement de vous dire : Nous nous le devions, nous y étions tenus par nos concitoyens outragés et nous ne pouvions nous en dispenser envers nos généraux qui méritent à si juste titre toute notre confiance, sur la conduite desquels retombe cruellement la critique non méritée que l'on s'est permise de la nôtre dans vos bureaux.

Le maire et officiers municipaux
de la ville de Lille.

Le ministre Roland répliquait :

Vous paraissez douter, Messieurs, que la lettre que je vous ai écrite le 15 soit mon ouvrage. Cessez d'avoir cette incertitude injurieuse à l'attention que j'ai de surveiller tout ce qui porte ma signature.

Ma lettre du 15 est le résultat d'une conférence du conseil exécutif provisoire où j'avais porté vos plaintes. On y calcula les vivres, forces et munitions que vous aviez, et l'on fut d'accord que la place de Lille, secondée par la garde nationale de la ville, pouvait défier cent mille assiégeans et leur résister pendant plusieurs mois.

Je n'ai donc pu traiter que de faiblesse et de pusillanimité, les plaintes continuelles que vous m'avez adressées; et je vous répète que si l'ennemi venait à s'emparer de votre ville, il n'y a que la perfidie ou la lâcheté qui pourraient lui en ouvrir les portes. Voilà mon opinion, je ne craindrais pas d'en rendre juge la France entière.

Le ministre de l'intérieur,

ROLAND.

Les défiances révolutionnaires du gouvernement amenèrent plusieurs arrestations :

Dès les premiers jours du siége le général Duhoux qui commandait en chef la place de Lille fut mandé à la barre de la Convention nationale. Nous trouvons dans le *Moniteur* les documents qui suivent sur cette affaire restée assez obscure.

Nous lisons dans la séance de cette assemblée du 1er octobre (1).

****. Je demande à entretenir la Convention nationale d'un fait. Je suis député du département de la Marne et je suis étonné que des pétitions vous aient été adressées pour vous demander qu'il soit accordé carte blanche à M. Duhoux.

L'armée commandée par ce général est venue à Reims; entrée dans la ville, elle s'est débandée; on en avertit M. Duhoux. Cet avertissement n'a pas empêché cet officier de rester trois heures à table pour dîner, au lieu de se transporter à son armée

(1) On a pu remarquer que d'après le *Journal du Siége*, le général Duhoux avait déjà reçu l'ordre de se rendre à Paris dès le 29 septembre. (*Note de l'auteur.*)

5

pour y rétablir l'ordre. Le ministre de la guerre lui-même a répugné à donner carte blanche à cet officier. Je demande que ma dénonciation soit remise entre les mains des commissaires chargés de se rendre aux frontières, et que le ministre de la guerre soit tenu de rendre compte de la conduite de cet officier.

Cette proposition est adoptée.

Dans la séance du 10 octobre, le ministre de la guerre annonce à la Convention que le général Duhoux, mandé à la barre par un décret, est arrivé à Paris. — La Convention décrète qu'il sera admis séance tenante.

Dans la même séance, le lieutenant-général Duhoux écrit à la Convention qu'il est prêt à paraître à sa barre.

LETOURNEUR, au nom du Comité de la guerre présente une série de questions à faire à cet officier.

La Convention décide que sans en faire lecture actuellement, elle serait remise au président.

BRUNET. Les mêmes motifs qui ont déterminé la Convention à faire la série de questions à faire au général Duhoux doivent la décider également à ne pas différer plus longtemps d'entendre ce prévenu. Je demande donc que la Convention décrète que le général Duhoux sera mandé à l'instant à sa barre, pour y être entendu, conformément au décret d'accusation décrété contre lui. — Cette motion est décrétée.

Même séance :

Le général Duhoux, accusé d'avoir laissé la ville de Reims dégarnie de troupes est mandé par la Convention nationale et traduit à sa barre.

Extrait de l'interrogatoire :

Le président : Citoyen, quel est votre nom ? — Charles-François Duhoux.

Votre état ? — Lieutenant-général.

De quelle division ? — De la 16e division.

Avez vous reçu des ordres du ministre de la guerre, de vous rendre à Reims avec les troupes qui étaient à Soissons ? — Non, M. le président ; mais j'ai reçu des ordres du corps administratif, je vais vous les montrer, je les ai dans la poche... Ils portent exactement de retourner à Lille dès l'instant où il y aurait un officier pour me remplacer. Je suis donc retourné à Lille : alors les communications étaient interrompues. J'ai fait une sortie, dans laquelle j'ai fait beaucoup de mal à l'ennemi et où je n'ai perdu que 28 hommes.

Est-il sûr que l'ordre que vous avez reçu du ministre portait de vous rendre seul à Reims, et non pas avec les troupes qui étaient à Soissons? — Le voici, l'ordre du ministre, que j'ai reçu pour aller à Reims : pour aller à Soissons, je n'en ai reçu que par la réquisition du corps administratif.

On lit un ordre, en date du 7 août, signé du ministre de la guerre d'Abancourt, par lequel Louis XVI le nomme commandant des troupes de Soissons.

Ensuite on lit un ordre du corps administratif de Soissons, qui requiert le général Duhoux de se rendre à Reims.

Vous êtes vous rendu à Reims seul? — Je me suis rendu seul ; mais j'avais donné ordre à Chatelas de m'amener 6 bataillons pour prendre l'avant-garde.

Pourquoi vous êtes vous rendu seul à Reims, puisque la réquisition portait que vous prendriez toutes les troupes qui étaient à votre disposition? — L'on m'a engagé de partir tout de suite. J'ai donné des ordres aux bataillons. On travaillait aux habits. Je ne pouvais pas les emmener, puisqu'ils n'étaient ni habillés ni armés.

L'engagement qui vous a été fait par les corps administratifs, de partir seul a-t-il été fait par écrit ou verbalement? — C'est verbalement.

Etes vous resté longtemps à Reims? — Je suis parti de Soissons à deux heures après minuit. J'ai fait venir de Reims 24 pièces de canon, et j'ai donné ordre au 24e régiment de partir par piquets, de manière qu'il pût se rendre avec moi, parceque, depuis vingt ans que je suis accoutumé à commander de la cavalerie, je sais mener ça.

Je vous observe que vous ne répondez pas à la question que je vous ai faite : êtes vous resté longtemps à Reims? — J'y suis arrivé à six heures du matin ; j'ai vu les corps administratifs, j'ai passé les troupes en revue, et je suis reparti à sept heures du soir. On avait donné l'alerte à Reims ; je suis parti ; j'ai *péroré* les compagnies pour leur faire voir qu'il n'y avait rien à craindre ; mais elles ont dit que je les trahissais. On a crié : *Arrête, arrête!* J'ai été trouver le maréchal pour savoir ce que je devais faire. « Restez ici, m'a-t-il dit ; j'attends des ordres de Paris; vous serez peut-être employé.

Puisque Reims était votre poste par la réquisition des corps administratifs, pourquoi l'avez-vous quitté sans aucun ordre ? — Parce que mon ordre le portait.

Arrivé à Lille, y avez-vous pris le commandement de la place? — En arrivant à Lille, j'ai trouvé M. Ruault, suspendu. Les citoyens et les corps administratifs m'ont témoigné le désir que je prisse le commandement. C'est alors que pour les empêcher de monter leurs batteries, j'ai fait plusieurs sorties, celle entr'autres où j'ai tué, suivant le rapport qu'on m'a fait (car ce n'est pas à moi à me vanter), 560 hommes.

Pourquoi, la suspension étant levée, avez-vous conservé le commandement sans lettres de service ? — La lettre du ministre de la guerre ne m'est pas parvenue.

Le général Labourdonnaye, en arrivant à Lille, ne vous a-t-il pas signifié un ordre du pouvoir exécutif de vous rendre à Paris ? — Messieurs, vous concevez qu'à ma place, un autre eût profité de cela pour s'en aller; car on ne se soucie pas de voir tomber, autour de soi, des bombes et des boulets rouges. J'en ai eu huit chez moi. On peut me rendre justice, les citoyens me disaient tous : « Ne nous abandonnez pas. » Sortir eût été alors une espèce de lâcheté, et d'ailleurs ils ne m'auraient pas laissé sortir.

Dans la lettre que vous dites avoir reçue de M. Labourdonnaye, ne vous donnait-il pas l'ordre de vous rendre à Paris ? — Je répète que les ordres du ministre ne me sont pas parvenus ; mais, sur ceux de M. Labourdonnaye j'ai cessé de signer ; seulement, sur l'insistance des citoyens, des magistrats et de la société des amis de la Constitution, j'ai continué de surveiller la place, et de visiter de ma personne les batteries.

Vous êtes-vous quelquefois réuni en société avec des officiers, sous-officiers et soldats, et dans cette société n'a-t-il pas été question de faire le serment de ne pas recevoir le général Labourdonnaye ? — Je puis avoir l'honneur de faire serment devant l'auguste assemblée, que cela ne m'est jamais arrivé.

Avez-vous connaissance que quelques officiers et notamment le citoyen Legros, lieutenant au 6e régiment, aient tenu des propos injurieux, avec menaces, contre Labourdonnaye ?—Jamais.

N'avez-vous apporté aucune opposition à l'entrée de M. Labourdonnaye, dans la place, pendant le bombardement ? — Hélas, monsieur, je ne crois pas que M. Labourdonnaye ait voulu y venir.

Y a-t-il eu beaucoup de sorties pendant le bombardement ? — Il n'y en a pas eu. Ils étaient trop occupés à répondre au feu de l'ennemi, à éteindre les boulets rouges, à empêcher que l'incendie se communiquât. Les renforts qui sont arrivés, on les a placés autour de Lille, dans certains postes où le canon de l'ennemi aurait fait beaucoup de mal, et dans d'autres où il aurait pu nous tourner.

Le général Duhoux est admis aux honneurs de la séance.

Dans la séance du 18 octobre, un incident s'est élevé sur cette même affaire :

Le ministre de la guerre fait passer à la Convention une lettre du général Labourdonnaye, dont voici l'extrait :

« Puisque Roland et Petion ont été dénoncés, je ne dois pas être surpris des injures gratuites qui ont été proférées contre moi ; mais je dois m'étonner qu'elles l'aient été à votre barre, et que vous ayez accordé les honneurs de la séance à mon dénonciateur. Le lieutenant-général Duhoux a osé vous dire que je n'avais pas eu envie de venir à Lille pendant le bombardement. Le lieutenant-général est instruit des manœuvres qu'on a employées pour empêcher mon entrée à Lille. On a dit que l'on voulait me sacrifier, si je me présentais à Lille. Ces menaces ne m'ont pas empêché de me préparer à aller au secours de cette place, et de former à Douai un grand rassemblement de troupes pour cet effet. J'étais sûr que pendant ces préparatifs, le lieutenant-général Ruault ne consentirait jamais à rendre la place. Enfin, le 11 septembre (1) j'arrivai à Lille où je trouvai le lieutenant-général Duhoux , à qui le ministre Dabancourt avait donné le commandement de cette place , et que la maladie du ministre Servan avait empêché de remplacer, etc. »

CHATEAUNEUF-RANDON : Le général Labourdonnaye n'avait pas besoin de cette justification. Mais je trouve étonnant en effet que le lieutenant-général Duhoux ait osé dire à cette barre que le général Labourdonnaye n'avait pas eu envie d'entrer à Lille pendant le bombardement, tandis que lui-même n'a pas osé faire pendant ce bombardement, une sortie qui aurait peut-être fait lever le siége. Le lieutenant-général Duhoux s'est plusieurs fois présenté chez moi , et m'a prié de lui communiquer les pièces relatives à cette affaire ; je les lui ai refusées. Je demande le renvoi de cette lettre au Comité de la guerre.

JEAN-DEBRY. Je n'élève aucun doute sur le civisme du général Labourdonnaye. J'observerai seulement que si ce général s'étonne de la conduite de la Convention à l'égard du lieutenant-général Duhoux, je m'étonne , moi , que le général Labourdonnaye les armes à la main , vienne censurer la conduite de la Convention nationale. Je demande le renvoi au Comité militaire.

La Convention décrète le renvoi de la lettre du général Labourdonnaye au Comité militaire et passe à l'ordre du jour sur l'improbation de la lettre.

Nous lisons encore dans une lettre des commissaires à l'armée du Nord, en date du 23 octobre (séance de la Convention du 25 octobre.)

.... Nous vous adressons un procès-verbal du conseil-général de la Commune de Lille relatif à la conduite du général Duhoux avant et pendant le bombardement de cette place. D'après les renseignemens qui nous sont parvenus sur cette affaire, nous avons

(1) Il y a ici erreur de date. Le général Labourdonnaye n'est arrivé à Lille que le 11 octobre , et on vient de voir que le général Duhoux comparaissait à la barre de la Convention , le 10 octobre. *(Note de l'auteur.)*

requis le juge-de-paix de la première section de cette ville d'informer et de dresser procès-verbal des déclarations et dispositions des citoyens de Lille; il paraît certain que la sûreté de cette cité aurait été compromise, si le bon esprit des citoyens et de la garnison n'avait rendu inutiles les efforts des agitateurs et des malveillants.

Nous rassemblons avec soin toutes les pièces propres à éclairer votre justice et à confondre les intrigants qui n'ont que le masque du patriotisme. . . . .

..... Nous vous adressons le plan des retranchements qu'avait faits l'ennemi pour bombarder Lille ; il a été levé par le citoyen Leroux, secrétaire de notre commission. En l'examinant, on pourra se convaincre combien il eût été facile de détruire leurs premiers travaux, si la garnison eût été plus forte et si le citoyen Chamorin, chef du génie, dont nous allons examiner la conduite, eût fait abattre des maisons et des arbres qui ont favorisé l'ennemi. . . . .

Le général Lanoue fut mis en état d'arrestation le samedi 6 octobre, à Douai. Jugé plus tard par le tribunal criminel du département du Nord, il fut acquitté.

La municipalité de Seclin, accusée de s'être montrée trop favorable aux émigrés et aux autrichiens, pendant le siége, fut également mise en état de suspicion.

On écrit de Lille, 16 octobre :

... Hier le citoyen Lécuyer, lieutenant-colonel de la gendarmerie nationale, prévôt de l'armée du Nord, nommé provisoirement à la place de M. Imbert, ci-devant colonel de la gendarmerie nationale du département du Nord, du Pas-de-Calais et de la Somme, a été faire arrêter tous les membres du corps municipal de Seclin. Ils ont été conduits dans les prisons de Lille sous bonne escorte. »

Cette accusation fut aussi suivie d'un acquittement.

Les commissaires représentants, pendant le siége même rendirent compte à la Convention d'une arrestation qu'ils avaient fait opérer dans les environs de Béthune, ils écrivaient de cette ville le 5 octobre.

. . . .

Le Pas-de-Calais est, comme le Nord , farci d'aristocrates de toutes les espèces dont les intelligences avec les Autrichiens sont aussi dangereuses pour la patrie que préjudiciables au maintien de l'ordre.

Les espions et les agitateurs sont dans ce moment les hommes les plus nuisibles ; leur oter les moyens de nuire, c'est servir essentiellement la République , et c'est dans cet esprit que nous nous sommes conduits en faisant arrêter l'aristocrate Géneviève Vielfort dont le ci-devant Château nous a été dénoncé comme un asile de conspirateurs et un rendez-vous d'espions. Il a résisté à la force armée et s'est donné le temps , par cette résistance, de bruler les preuves de ses intelligences avec nos ennemis du dehors et du dédans. On vient de le ramener ici ; on l'a sauvé de la fureur des citoyens qui voulaient l'immoler à leur vengeance, et nous le faisons partir pour Douai sous une escorte commandée par l'excellent prevot de l'armée, le citoyen Lécuyer.

Signés , DOULCET , DELMAS , BELLEGRADE , DUQUESNOY et D'AOUST.

P. S. A l'attaque du château de Vielfort trois gardes nationaux de Béthune et un garde national de Douai, ont été blessés.

Bellegrade, l'un des commissaires, avait écrit au représentant Gorsas la lettre suivante :

« Je vais vous rendre compte des premières opérations de notre mission. D'abord je vous parlerai de l'arrestation du citoyen Vielfort dans son château près Béthune. Ce malheureux entretenait des correspondances avec les chefs de l'ennemi et donnait souvent à dîner à Latour-Maubourg. Nous avons envoyé un détachement de gendarmerie pour s'assurer de sa personne. Ce monstre s'est longtemps défendu avec ses domestiques ; mais bientôt les habitants de Béthune se sont portés chez lui au nombre de 6,000 , se sont saisis de sa personne et l'ont transféré à Douai. »

Dans ces jours difficiles, le 11 octobre, de sanglants désordres avaient eu lieu à Cambrai. Nous nous bornerons à en donner l'idée par les résumés de deux lettres des commissaires représentants :

· A la séance de la Convention du 14 octobre, on fait lecture d'une lettre des commissaires de l'armée du Nord, datée du 13 octobre 1792, par laquelle ils préviennent la Convention que les gendarmes nationaux à pied de la première division, arrivés le 9 à Cambrai, se sont portés en force aux prisons, et ont délivré les prisonniers, excepté Canone d'Hercique, prévenu de vol ; ceux de la deuxième division, arrivés le 10, ont coupé la tête à ce d'Hercique. Les chefs du second bataillon franc, qui était en garnison à la Citadelle, en ayant fait fermer les portes, pour empêcher leurs soldats de se joindre aux gendarmes, le citoyen Besombre, second lieutenant-colonel de ce corps, a été victime des efforts qu'il a faits pour faire rentrer ses soldats dans l'ordre. Dénoncé par eux aux gendarmes, ils lui ont coupé la tête. Le capitaine Legros, du sixième escadron de cavalerie, a été décapité, et sa tête promenée au bout d'une baïonnette. Le désarmement qui avait eu lieu à Cambrai a causé une insurrection ; le maire a été menacé, et ne s'est tiré d'affaire qu'en prouvant qu'il n'avait fait qu'obéir à la loi et aux ordres du département. On craint qu'à l'arrivée de la troisième division de gendarmes à Cambrai, cette ville ne soit le théâtre de nouvelles scènes, et que ces trois divisions réunies à Douai, n'y portent le trouble. Trois des commissaires s'y sont transportés.

Ces mêmes commissaires écrivaient de Douai le 16 octobre, à leurs collègues :

« Nous sommes arrivés hier soir très tard ici, après avoir fait un exemple frappant à Cambrai sur quelques coupables des délits commis dans cette dernière ville, le 11 de ce mois ; il a tellement imprimé la terreur dans l'esprit de toute la garnison, que nous avons lieu d'espérer qu'ils ne se renouvelleront plus... »

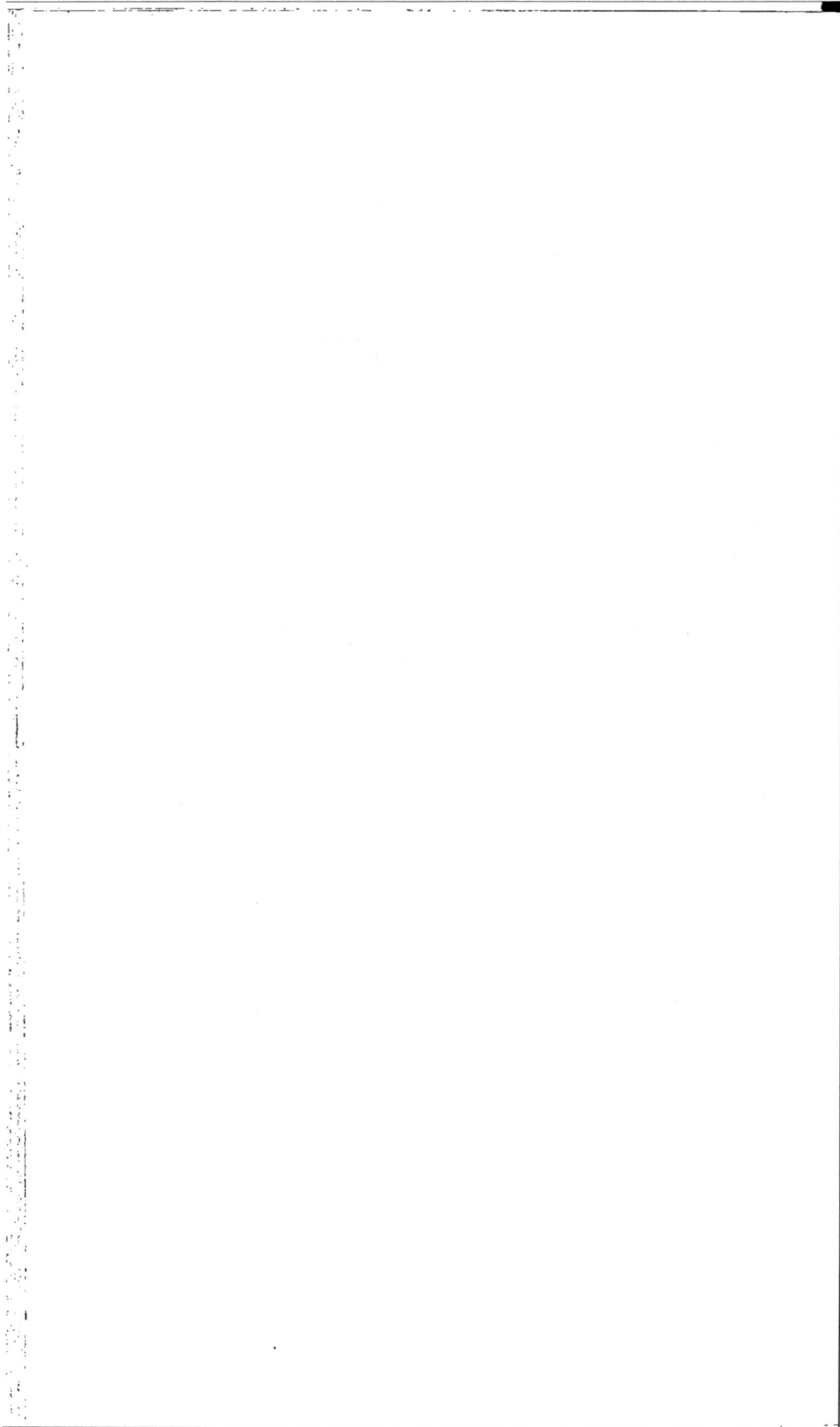

VII.

LILLE A BIEN MÉRITÉ DE LA PATRIE.—MONUMENT PROPOSÉ
PAR LE PEINTRE DAVID.—HOMMAGES AU PATRIOTISME.

Dès le 8 octobre, à cette séance de la Convention nationale où Gorsas donnait lecture de la lettre que lui avait adressée le représentant Bellegrade sur la journée du 5 octobre, le député Gossuin propose le décret suivant :

« La Convention nationale considérant qu'elle doit montrer autant d'empressement à récompenser la vertu et les belles actions qu'elle apporte de sévérité dans la punition des traîtres à la patrie; satisfaite de la bonne conduite de la ville de Lille, que les Autrichiens ont eu la lâcheté de bombarder pendant huit jours consécutifs dans l'espoir de la réduire, décrète ce qui suit :

Art. Ier. La Convention nationale déclare que la ville de Lille a bien mérité de la patrie ; elle applaudit à la bravoure et au civisme de ses habitants et de sa garnison.

Art. II. Il sera fait don à cette Commune d'une bannière avec trois couleurs nationales, qui aura pour exergue : *A la ville de Lille la nation reconnaissante;* et sur le revers seront écrits ces mots : *Périsse quiconque agira, parlera ou pensera contre la République française !*

Art. III. Une somme de deux millions, à provenir de la vente des biens des émigrés, est accordée à la ville de Lille, comme secours provisoire ; le trésor national en fera l'avance aussitôt.

Art. IV. Les commissaires de la Convention nationale à l'armée du Nord feront, concurremment avec les corps administratifs, constater en bonne et due forme, dans le plus court délai possible, les dommages occasionnés dans Lille et les faubourgs par le feu de l'ennemi.

Art. V. Albert-Ignace-François-Xavier, duc de Saxe-Teschen, gouverneur des Pays-Bas autrichiens, et commandant l'armée ennemie sous les murs de Lille, ayant, contre tous les principes, manifestement violé le droit des gens et de la guerre, la République française permet de courir sus. Une somme de 100,000 livres sera comptée, à titre de récompense, à celui qui livrera sa tête. »

LOUVET. Je demande que le projet de décret présenté par Gossuin soit étendu à la ville de Thionville, qui n'a pas moins bien mérité de la patrie que celle de Lille.

*** Je demande la parole contre le dernier article. Nous sommes Républicains et des Républicains ne doivent se distinguer que par des actions d'une grande vertu : loin de nous cette manière immorale de poursuivre nos ennemis. Jamais les Romains n'ont usé d'un pareil moyen pour venger leur République. Déjà l'assemblée a adopté ce grand principe en rejetant avec indignation la proposition qui vous fut faite de déclarer à l'ennemi que s'il ne cessait de faire cette guerre de barbares, nous userions de représailles. Je demande l'ajournement des quatre premiers articles et la question préalable sur le dernier.

SALLES. Je ne conçois pas sur quel motif on peut s'appuyer pour proposer l'ajournement de ce projet de décret, comme s'il n'était pas constant que la ville de Lille a bien mérité de la patrie.

JEAN DEBRY. Sans adopter la rédaction de l'article dernier, je déclare que je suis dans le sens de cet article. Je ne conçois pas quel est cet honneur féodal qui consiste à épargner le sang des tyrans. Ce ne sont pas les peuples qu'il faut détruire, mais François, mais Frédéric, mais Brunswick, mais Albert de Saxe, et toutes les bêtes fauves qui leur ressemblent; et je maintiens que ce décret ne peut qu'honorer la nation française. Si les motifs qui, dans l'assemblée législative, ont fait rejeter mon projet de décret contre les despotes, engagent la Convention à rejeter encore celui-ci, je demande que l'assemblée déclare qu'elle n'entendra à aucune proposition de paix de la part de l'Autriche, que Saxe n'ait été livré pour être puni selon les lois de la guerre.

LECOMTE-PUYRAVEAU. Je viens combattre la proposition de mettre à prix la tête d'Albert de Saxe. Je la regarde comme immorale en principe, comme dangereuse dans ses suites, comme impolitique sous tous les rapports. Lorsqu'un homme se rend perfidement scélérat, ce n'est pas par des crimes qu'il faut le punir: il faut au contraire user à son égard d'une certaine magnanimité jusque dans la justice et la sévérité. Rien de plus immoral que la proposition. Comment croit-on que nos braves soldats, guidés non par l'honneur féodal, mais par l'amour de la République, pourraient se déterminer à devenir les assassins d'un homme. Albert de Saxe est à la tête de nos ennemis; si nous le tenions, nous le punirions comme infracteur du droit des gens. La proposition est dangereuse; car si vous mettez à prix la tête de Saxe, ne craignez-vous pas qu'on y mette aussi celles de Dumouriez, d'Anselme, de Beurnonville, de tous les généraux qui défendent la République? Elle est encore impolitique; car elle tend, en nous déshonorant à la face de l'Europe, à diminuer le nombre des puissances neutralisées et à augmenter celui de nos ennemis. Ce n'est pas lorsque nous nous targuons de cette pureté de principes qui convient à des Républicains, que nous devons adopter de semblables mesures. Rappelez-vous avec quelle indignation les Romains rejetèrent la proposition du médecin Pyrrhus. Ce serait faire injure à la Convention nationale que de combattre plus longtemps l'article présenté par Gossuin.

La discussion est fermée.

*** Dans la situation ou se trouve la ville de Lille, elle n'a pas besoin qu'on s'occupe actuellement à lui décerner des couronnes civiques, à lui envoyer des bannières aux trois couleurs, mais elle a besoin de secours pour soutenir le courage dont elle a donné des preuves si héroïques.

TALLIEN. Je demande l'ajournement de tout le projet ; le courage des citoyens de Lille est au-dessus de tous les éloges ; si si elle a besoin de secours, vous lui en accorderez. Quant aux dommages occasionnés par l'ennemi, vous ne pouvez les constater que lorsque vous aurez reçu la nouvelle officielle de la levée du siége.

L'ajournement et le renvoi aux Comités diplomatiques, des finances, de la guerre et des secours publics, sont décrétés.

Dans la séance du 12 octobre, le député GOSSUIN remonta à la tribune : Vos Comités, dit-il, ne sont pas encore prêts à vous faire le rapport sur les secours à accorder à Lille, à cause des mesures d'exécution et des formes de comptabilité qui doivent être réglées. Il vous propose, en conséquence, de vous borner aujourd'hui au décret suivant :

« La Convention nationale décrète que les citoyens de Lille et sa garnison ont bien mérité de la patrie. »

Ce décret est porté à l'unanimité.

C'est le 11 novembre suivant que ce décret fut publié à Lille avec solennité. Une correspondance du 12 nous en rapporte ce qui suit :

« Un cortége brillant s'est rassemblé dans le quartier Saint-Sauveur, et là, au milieu de ces honorables ruines, on a lu la loi, et aussitôt après une salve d'artillerie s'est fait entendre ; l'air a retenti des cris de : *Vive la Nation, la République, la Liberté et l'Egalité.* Le soir la ville a été illuminée. L'estrade sur la Grand'Place était surmontée d'une colonne en transparent, sur la base de laquelle on lisait : *Les habitants de Lille ont bien mérité de la patrie,* et au milieu cette autre inscription : *Liberté, fruit du courage.* Sur les ruines des cinq cent vingt-six maisons du quartier St.-Sauveur, on avait construit un temple au milieu duquel s'élevait une colonne portant cette inscription simple :

Vois ici des tyrans et la honte et la rage
Vois ici des Lillois la gloire et le courage.

« Des faisceaux de drapeaux tricolores en ornaient la base et le chapiteau, et le bonnet de la liberté la couronnait. L'illumination était des feux de couleurs; celle des ruines inspirait un sentiment d'horreur et de plaisir. »

Le 26 octobre précédent, à la séance de la Convention nationale, le député DAVID s'exprimait ainsi :

Le citoyen Gossuin vous a présenté le décret suivant :

« La Convention nationale déclare que la ville de Lille a bien mérité de la patrie ; elle applaudit au civisme et à la bravoure des habitants et de la garnison.

» Il sera fait don à la Commune de Lille d'une bannière aux trois couleurs, portant pour exergue :

» *A la ville de Lille la République reconnaissante.*

» Il sera accordé une indemnité provisoire de deux millions sur le produit de la vente des biens des émigrés. »

Ce projet de décret a été ajourné et renvoyé à vos Comités de guerre, diplomatique, de finances et de secours. Quelque glorieuse que soit la bannière et l'inscription que le citoyen Gossuin vous a proposé de décerner aux habitants de la ville de Lille, vous avez pensé sans doute que ce monument est trop périssable pour prouver à la postérité et à l'Univers les sentiments de la reconnaissance et de l'admiration de la République, pour le courage, le désintéressement, l'héroïsme, le généreux patriotisme des valeureux et intrépides citoyens de la ville de Lille.

Je vous propose donc d'élever dans cette ville, ainsi que dans celle de Thionville, un grand monument, soit une pyramide ou un obélisque en granit français, provenant des carrières de Rhetel, de Cherbourg ou de celles de la ci-devant province de Bretagne.

Je demande qu'à l'exemple des Egyptiens et autres anciens, ces deux monuments soient élevés en granit, comme la pierre la plus durable, et qui portera à la postérité le souvenir de la gloire dont se sont couverts les habitants de Lille, ainsi que ceux de Thionville.

Je demande aussi que des débris de marbre provenant des piédestaux des statues détruites dans Paris, ainsi que du bronze provenant aussi de chacune de ces cinq statues, soient employés aux ornements de ces deux monuments, afin que la postérité la plus reculée apprenne que les deux premiers monuments élevés par la nouvelle République ont été construits avec des débris du luxe des cinq derniers despotes français.

Je crois que vous penserez, comme moi, qu'il est de l'équité de la Convention nationale, comme de la gloire de tous les républicains français que les noms de chacun des habitants de la ville de Lille et Thionville, qui y sont morts, en défendant leurs foyers, soient inscrits en bronze sur lesdits monuments.

Je vous propose que Félix Wimpfen et autres officiers, soldats ou habitants, soit de Thionville ou de Lille, qui se sont le plus distingués pendant ces deux siéges, reçoivent une couronne civique ou murale, en attendant qu'après leur mort leurs noms soient aussi inscrits sur ces monuments.

Je propose aussi, qu'à la manière des anciens, la Convention nationale ajoute aux noms de ces deux villes une épithète qui caractérisera la gloire que leurs défenseurs se sont acquise. Et afin de donner à chaque individu de tout sexe, de tout âge, un signe non périssable de ces deux siéges. Je vous propose de faire frapper une médaille de bronze, avec un exergue différent pour Lille et Thionville, afin de distribuer de ces médailles à chaque individu habitant de ces villes. Cette médaille sera aussi fabriquée avec du bronze provenant des cinq statues détruites. J'observe qu'il sera expressément défendu de faire servir cette médaille à l'usage d'aucun signe de décoration extérieure.

Je désire que ma proposition de frapper ces médailles ait aussi lieu pour tous les événements glorieux ou heureux déjà arrivés et qui arrivent à la République, et cela, à l'imitation des Grecs et des Romains, qui par leurs suites métalliques nous ont non seulement donné la connaissance des événements remarquables, celle des grands hommes, mais aussi celle du progrès de leurs arts.

Comme nos artistes français se sont livrés des premiers aux élans de la révolution, et que plusieurs d'entre eux ont négligé leurs occupations paisibles pour s'abandonner à tout ce que le

soutien de la chose publique pouvait exiger, et que beaucoup
d'entre-eux ont préféré, en se rendant aux frontières, la gloire
de la République à leur gloire particulière, la Convention nationale ne peut, ce me semble, leur donner un témoignage de
reconnaissance, ni plus glorieux, ni plus satisfaisant, qu'en em-
ployant, au nom de la République entière, ces mêmes artistes,
pour porter sa gloire et sa satisfaction à l'univers entier et la faire
passer à la postérité.

Permettez moi de vous observer que c'est à un incendie que
la ville de Londres doit la largeur, la beauté et la régularité d'une
grande partie de ses rues, comme aussi la commodité de ses
trottoirs.

Ne serait-il donc pas aussi convenable qu'avantageux de faire
faire un plan général à Lille, de même qu'à Thionville, avant de
s'occuper de la construction des bâtiments détruits, ou de la
restauration de ceux endommagés.

C'est dans ce plan général que l'on ferait entrer celui du local
le plus convenable d'une place publique, pour élever, dans ces
deux villes, les monuments en granit que j'ai proposés.

Je me résume en vous demandant de nommer des commissaires pour examiner mes propositions avec leur développement,
afin d'en faire le rapport dans le plus court délai possible.

Ces commissaires pourront s'entendre avec les comités aux-
quels vous avez renvoyé le projet de décret du citoyen Gossuin.

Ces différentes propositions furent renvoyées au comité de
l'instruction publique.

Si vous voulions maintenant recueillir tous les hommages of-
ferts au patriotisme des Lillois, à la suite de leur courageuse
défense, nous en pourrions faire un fort volume; qu'il nous suffise
d'en énumérer une certaine partie. Mentionnons d'abord la reconnaissance des Lillois eux mêmes pour leur chef de la garde
nationale, le commandant Bryan.

Une députation des officiers de la garnison de Lille fut admise
à la barre de la Convention dans sa séance du 31 octobre 1792.

6

Les applaudissements unanimes de l'assemblée se prolongèrent pendant plusieurs minutes.

L'orateur de la députation s'exprima ainsi : Nous venons vous jurer une haine éternelle pour les despotes et une confiance entière dans la Convention nationale. L'ennemi est venu sous nos murs; il a brulé nos maisons; mais il a été forcé à une retraite honteuse. Vous avez décrété que nous avons bien mérité de la patrie; ce décret est gravé dans nos cœurs. Si l'ennemi porte encore ses ravages sur le territoire de la République, parlez, nous sommes prêts à marcher. Nous venons recommander à votre justice, Bryan, notre chef de légion, notre père et notre ami. Nous vous demandons pour ce brave officier les récompenses qui lui sont dues. Nous déposons sur le bureau des renseignements et des pièces qui vous attesteront et ses services et le vœu de nos concitoyens.

Le président : Citoyens, vous avez appris aux despotes ce que peuvent contre eux des hommes animés de l'amour de la liberté. Vous venez de recevoir au milieu des représentants du peuple le prix dû à votre dévouement héroïque. Il en est un autre qui ne peut vous être enlevé : c'est à l'histoire qu'il est réservé de vous le donner. Elle placera vos noms à côté de ceux des Spartiates. Il est beau de vous voir demander des récompenses pour le chef qui vous montra le chemin de l'honneur, et lorsque vous pourriez y prétendre tous, de ne les demander que pour lui seul. (On applaudit.)

La demande des Lillois est renvoyée au comité militaire. (1)

Paris, Vernon, Issoudun, Nancy, Caen, Arras, Orléans, Versailles, Dijon, Compiègne, Amiens, Boulogne, Sezanne, Uzer,

---

(1) Avant cette députation, le corps électoral de Lille avait déjà envoyé à la Convention un boulet de canon. « C'est un boulet rouge, avait dit le président, qui est venu s'humilier aux pieds du corps électoral pendant le siége de cette place. » L'assemblée, au milieu des applaudissements, avait consigné la mention honorable de cette offrande à son procès-verbal.

Beaugencì, Niort, Colmar, Loudac, St.-Quentin, Rouen, Clermont-Tonnerre, Noyon, Troyes, Villefranche, Provins, Saintes, Toul, Sar-Louis, Montauban, Mâcon, Beaucaire, Limoges, Ste.-Foy, Lanyon, Chaumont, Beauvais, Vesoul, Lons-le-Saulnier, La Rochelle, Charleville, Langres, Nantes, Le Hâvre, Vernon, Aire, Valence, Angers, Nevers, St.-Esprit, Belle-Isle, et un très grand nombre d'autres Communes moins importantes et de citoyens notables adressèrent aux habitants de Lille, et leurs hommages patriotiques et leurs offrandes pécuniaires.

Nous nous bornerons à reproduire ici l'adresse de la municipalité de Cambrai :

Le conseil général de la commune de Cambrai à celle de Lille.

Généreux citoyens, déjà votre ville était illustre dans les fastes du commerce, elle sera désormais immortelle dans les annales de la gloire. Votre conduite sublime pendant le terrible bombardement que vous avez soutenu avec une intrépidité sans exemple, l'a rendue pour jamais chère à tous les bons français ; ils ne prononceront désormais le nom de Lille que saisis de respect et d'admiration.

Vous avez fait voir aux barbares satellites des tyrans ce que peuvent des citoyens, quand ils combattent pour la liberté. Vous vous êtes montrés en véritables républicains, qui savent affronter la mort quand il s'agit du salut de la patrie.

Braves Lillois, votre courage nous a sauvés des fureurs d'un ennemi sanguinaire ; si votre mâle résistance n'eût triomphé de ses efforts, si vous eussiez pu succomber, bientôt il eût porté le fer et la flamme dans nos propriétés et peut-être en était-ce fait de notre précieuse liberté.

Recevez donc le juste tribut de notre reconnaissance. Vous nous avez appris vous que saviez vaincre ; nous apprendrons à la postérité que nous savons apprécier les services ; nous apprendrons à nos enfants à marcher sur vos traces : c'est l'éloge le plus énergique et le plus durable que nous puissions faire de vos vertus ; elles demeureront éternellement gravées dans les cœurs de tous nos concitoyens ; et si jamais quelqu'ingrat ou quelque lâche pouvait les oublier, nous les conduirions aux lieux de nos séances et en fixant ses yeux sur l'inscription que nous y avons fait placer, nous lui dirions : « Regarde ce monument élevé dans cette enceinte à la mémoire de ceux qui se sont montrés dignes du nom français. »

AUX BRAVES LILLOIS.

La commune de Cambrai reconnaissante.

Exemple à suivre.

Fait à Cambrai , en Conseil général de la commune, le 14 octobre 1792 , l'an Ier de la République française.

Signés , A. S. CODRON, maire, F. LEROY, A. DOUAY, L. DESAINT, C. L. AUBRY , LELY, A. L. LALEU, GUÉNIN, DOUAY fils aîné, Henri FLANDRIN, et LALLIER, secrétaire.

Nous terminerons ce chapitre par la reproduction de la pièce suivante (1) :

HYMNE AUX LILLOIS,

Sur leur bravoure et leur fermeté au siége de leur ville , où était assemblé le corps électoral du département du Nord ,

PAR LEURS FRÈRES DE LA GARDE NATIONALE DE DOUAI.

Air : *Allons Enfants de la Patrie.*
Quand sur leurs murs le boulet tombe ,
Les Lillois sont-ils faits pour fuir ?
Voyez-les autour de leur bombe ,
Voyez ces guerriers accourir ,   (*bis.*)
Voyez-les , fermes et tranquilles ,
Voler en foule à leurs canons ,
Tandis que brûlent leurs maisons
Que gardent leurs femmes et leurs filles.
Aux armes , citoyens ; formez vos bataillons ,
Marchez , qu'un sang impur abreuve nos sillons.

---

(1) Quoique l'*hymne aux Lillois par la garde nationale de Douai*, imitation de *la Marseillaise* , ne soit pas un morceau de poésie bien remarquable, nous avons cru devoir le publier, parce qu'il offre ici un intérêt particulier et qu'il porte d'ailleurs dans son style, le cachet de l'époque.

Tandis qu'on bombarde la ville,
Voyez les bandes d'Autrichiens,
Du paysan forcer l'asile,
Egorger nos bons citoyens :   (bis.)
Voyez ces hordes sanguinaires
Percer à grands coups de couteau
Le cœur des enfants au berceau,
Aux yeux de leurs mourantes mères !
Aux armes, etc.

Quoi ! de scélérates cohortes
S'empareraient de la cité
Et viendraient jusques à ses portes
Pour lui ravir sa liberté !   (bis.)
Mais quelle fureur, quelle rage !
En vain, par mille coups divers
On s'obtine à forger des fers
Pour qui secoua l'esclavage.
Aux armes, etc.

A ces brigands, troupe servile,
Le Lillois, qu'ils croyaient dompté,
Sommé de leur rendre la ville,
Répondit avec fermeté :   (bis.)
N'attendez pas de nous voir rendre,
Monstres, brûlez de toutes parts ;
Il nous reste encore des remparts,
Qu'on ne pourra réduire en cendre.
Aux armes, etc.

Quoi ! les esclaves de l'empire ;
Quoi ! les satellites des rois,
A nous, peuple libre, osent dire :
Nous voulons vous donner des lois !   (bis.)
Nos guerriers outrés de colère,
A ce discours injurieux,

Repoussent ces audacieux,
Et leur font mordre la poussière.
Aux armes, etc.

Lillois, que grande est votre gloire !
Dans tous les cœurs, vos noms placés,
Bien mieux qu'au temple de mémoire
N'en seront jamais effacés.   (*bis.*)
Entendez-vous comme s'écrie
Partout le bon peuple français,
Que les Lillois ont à jamais
Bien mérité de la Patrie.
Aux armes, citoyens ; pour défendre nos lois,
Marchons, avec fierté, sur les pas des Lillois.

VIII.

L'ENNEMI REPASSE LA FRONTIÈRE.

Les Autrichiens en se retirant de leurs retranchements sous les murs de Lille , se portèrent vers Quiévrain et Valenciennes , cette ville se disposa à imiter les braves Lillois ; elle eut un an plus tard l'occasion de montrer aussi son courage.

Cependant le général Labourdonnaye avait réuni un corps de 12,000 hommes , près Douai , entre la porte d'Esquerchin et le village de Dorignies , il quitta cette position le 9 octobre et alla former le camp de la Madelaine entre Lomme et Haubourdin.

D'un autre côté , Dumouriez , l'heureux vainqueur des défilés de l'Argonne était de retour à Paris et s'apprêtait à venir prendre le commandement de l'armée du Nord. On s'arrête avec un vif intérêt sur ces jours de triomphe et de patriotisme. On admire surtout les grandes manifestations qui préludaient à la ba-bataille de Jemmapes. Dumouriez, qui depuis commit une si lâche trahison, partout où il se montrait alors , faisait éclater l'enthousiasme qu'il excitait lui-même de sa voix chaleureuse et républicaine. Admis à la barre de la Convention , ce général y di-

sait en parlant de son armée. « Les chants de la joie auraient fait
» prendre ce camp terrible pour un de ces camps de plaisance
» où le banc des rois rassemblait autrefois des automates enré-
» gimentés pour l'amusement de leurs maitresses et de leurs
» enfants. L'espoir de vaincre soutenait les soldats de la liberté...
» Je ne vous ferai point de nouveaux serments ; je me montre-
» rai digne de commander des enfants de la liberté , et de sou-
» tenir les lois que le peuple souverain va se faire à lui-même
» par votre organe. » Et l'assemblée conventionnelle faisait entendre à ces paroles d'unanimes applaudissements!

A la société des Jacobins il s'écriait : « frères et amis , vous
» avez commencé une grande époque ; vous avez déchiré l'an-
» cienne histoire de France qui n'offrait que le tableau du des-
» potisme.... D'ici à la fin du mois , j'espère mener 60,000 hon-
» mes pour attaquer les rois et sauver les peuples de la tyrannie.»

Danton lui répondait : « que la pique du peuple brise le scep-
» tre des rois ! » et Collot D'herbois , dans un langage non
moins exalté, lui présentait un hommage pourtant plus sévère et
pour ainsi dire prophétique : « Ce n'est pas un roi , qui t'a
» nommé, Dumouriez , ce sont tes concitoyens ; disait-il , sou-
» viens toi qu'un général de la république ne doit jamais transi-
» ger avec les tyrans. Tu as entendu parler de Thémistocle ; il
» venait de sauver les Grecs par la bataille de Salamine, il fut
» calomnié (tu as des ennemis , Dumouriez ; tu seras calomnié;
» c'est pourquoi je te parle) Thémistocle fut calomnié , et il fut
» puni injustement par ses concitoyens ; il trouva un asile chez
» les tyrans; (1) mais il fut toujours Thémistocle; on lui proposa
» de porter les armes contre la patrie ; *mon épée ne servira ja-*
» *mais les tyrans* , dit-il , et il se l'enfonça dans le cœur..... »

La frontière du Nord n'était plus que faiblement attaqué , le
lieutenant-colonel Muller commandant le poste d'Hasnon ,

(1) Quand Dumouriez et ses aides-de-camp allèrent chercher
un asile à l'étranger , ils n'avaient été ni calomniés ni punis injustement par la République française.

soutenu par l'intrépidité des braves habitants de cette commune s'y défendait avec succès.

Des combats d'avant-postes avaient encore lieu à Mouveaux ; Tourcoing était encore occupé par l'ennemi le 17 octobre.

Dumouriez arriva le 19 à Cambrai ; on y fit des réjouissances publiques. « Plusieurs salves d'artillerie, écrit-on de cette ville, » ayant annoncé son arrivée, il fut porté à l'hôtel de la Commu- » ne, où un superbe trophée d'armes portait pour inscription. »

La Commune de Cambrai s'applaudit d'avoir vu naître Dumou-
riez le 26 janvier 1739.

Le 21 octobre, ce général est à Valenciennes. Nous croirions n'avoir pas complété le tableau de ces deux mois de la révolution française dans le département du Nord, si nous ne rapportions pas le discours adressé le même jour au général Dumouriez, dans la séance des *Amis de la Liberté et de l'Egalité,* de Valenciennes et la réponse du général.

Discours du président.

« Citoyens, vous avez bien mérité de la patrie, en ne déses- pérant pas de la République ; vous avez rempli votre devoir en la sauvant. Les despotes ont appris enfin ce que valent les moin- dres efforts d'une nation courageuse et libre ; ils fuient, empor- tant avec eux la triste certitude de leur impuissance et de notre force. Voilà ce que vous avez fait au milieu de nous. Allez dans la Belgique aujourd'hui ; le soldat français, qui déjà a forcé ses ennemis abusés à l'estimer, y est attendu ; rendez à la liberté ce peuple généreux qui soupire après elle, bien digne d'en savourer, ainsi que nous, la douce jouissance. Que le tyran autrichien ; que cette mégère (1) sortant du même gouffre, tremblent à l'as- pect de nos phalanges nationales ! que leur sceptre de fer soient brisé par les mains de nos braves soldats ! qu'enfin, précipités d'un trône de sang et de crimes, ils viennent implorer la géné- rosité du peuple français et demander la paix, l'égalité dans leur

---

(1) Allusion à l'archiduchesse Christine.

pays! voilà la base de notre accommodement avec les despotes vaincus.

» Dumouriez, quel vaste champ d'honneur la patrie confiante ouvre à ton ardent amour pour elle! Va apprendre à l'Univers entier que la gloire du peuple français sera toujours de mépriser de vaines conquêtes, de fraterniser avec tous les hommes, de leur faire aimer et suivre les principes sacrés de la raison et de la nature; enfin pars, et ne reviens parmi nous qu'après avoir changé, s'il est possible, toutes les couronnes, restes de superstition, contre le bonnet de la liberté dont nous ceignons ta tête : alors accours dans le sein de ta patrie, couverte de ses habits de fête, viens recevoir de ses mains reconnaissantes la couronne civique, seule récompense digne d'un soldat républicain. »

Réponse du général.

« Citoyens, c'est pour la deuxième fois que le bonnet m'est présenté par mes frères et amis de la Liberté et de l'Egalité. La première fois que je le portai, j'ai fait déclarer la guerre; quelques personnes ont blâmé cette mesure; tout ce qui s'est passé depuis nous a bien convaincus que la guerre était aussi nécessaire qu'indispensable; qu'elle était même le seul moyen de connaître les trahisons dont on cherchait à rendre le peuple français la victime; mais la nation est enfin parvenue à secouer, par son énergie, le joug le plus pesant qui l'accablait encore, celui de la Royauté.—Pour cette fois j'espère bien, et je m'engage même à ne déposer ce bonnet de la liberté, dont la couleur est celle du sang des ennemis que nous avons à combattre que pour l'échanger contre les couronnes de fleurs que mériteront les braves soldats qui vont m'aider à faire la conquête du Brabant. »

Le 22 octobre, le lieutenant-colonel Decarrion (1) à qui le poste d'Hasnon avait été confié entra dans St.-Amand avec ce poste et

_____

(1) Decarrion devenu général, est mort sous la Restauration à Oignies-sur-Deûle (Pas-de-Calais), entouré de l'estime de tous ceux qui l'ont connu.

(Note de l'auteur.)

17 dragons. Les Autrichiens venaient d'évacuer cette ville. Le même officier sur lequel nous trouvons, dans les documens de l'époque, le témoignage de la plus grande bravoure et des plus belles qualités du cœur, reprit les postes de Marchiennes et d'Orchies ; les habitans de ces villes le reçurent avec joie.

Le 28, le général Dumouriez alla établir son quartier-général à Onnaing. Labourdonnaye avait quitté Lille en même temps et se portait sur Tournai.

Le 30, un immense matériel d'artillerie sortait de l'arsenal de Douai pour rejoindre l'armée.

Lé 2 novembre, le général Beurnonville annonçait qu'il venait de forcer les Autrichiens d'évacuer la petite ville de Lannoy, « le seul poste fermé qui leur restât sur le territoire de la République. » Cinq prisonniers étaient amenés à Lille où, suivant l'usage, on leur faisait baiser à genoux, l'arbre de la liberté.

Le 6 novembre, l'armée française gagnait la bataille de Jemmappes.

M. *Alphonse* BIANCHI, auteur de la pièce suivante pour laquelle la Société royale des Sciences de l'Agriculture et des Arts de Lille vient de lui décerner le prix offert par le programme de la fête commémorative du 8 octobre 1842, a bien voulu nous la communiquer, et nous croyons, en la publiant, faire plaisir à nos lecteurs :

HOMMAGE AUX DÉFENSEURS DE LILLE EN 1792.

Aux armes, citoyens !

Jubilé glorieux, auguste anniversaire,
Enfin tu vas placer le laurier populaire
Au front des plébéiens, morts pour la liberté ;
Tambours, battez aux champs !... La couronne civique,
Comme au temps oublié de notre république,
  Couvre l'immortelle cité !

Honneur à vous, Lillois !... Françaises Thermopiles
Vos murs, tout de granit, ont protégé nos villes
Que la ligue des rois menaçait en courroux :
Ici, l'ère nouvelle a reçu son baptême ;
Vous étiez sous le feu dans cet instant suprême,
  Républicains, honneur à vous !! (1)

L'infâme trahison veillait jusqu'à vos portes ;
Du transfuge Condé les honteuses cohortes
Livraient Longwy, Verdun aux mains de l'étranger, (2)
C'était pour la noblesse une brillante fête,
La France désolée avait voilé sa tête,
  La Patrie était en danger !

Debout, soldats d'un jour, la France vous regarde,
Du pays menacé vous êtes l'avant-garde,
Toujours aux plus vaillants sont dûs les grands périls :
Il faut, fils courageux, défendre votre mère...
Lorsque ses ennemis ont franchi la frontière,
  Diriez-vous donc : Combien sont-ils ?

---

(1) C'était quelques jours plus tôt que la Convention nationale avait décrété l'établissement de la République française.

(2) Beaucoup d'officiers ne commandaient les forces de la France qu'avec l'intention de la trahir, leur désertion, qui eut lieu plus tard, le prouve trop.

Non !!... d'Albert le Saxon la voix s'est fait entendre ;
Choisissez, citoyens, ou périr ou vous rendre,
L'opprobre avec la vie ou la mort et l'honneur :
Votre choix est fixé, votre réponse est faite ;
Sorti de vos canons le boulet qu'on apprête
    Sera le messager vengeur !

André calme, se lève, en vos cœurs magnanimes,
Il fait vibrer soudain ces paroles sublimes :
« Nous magistrats élus, au nom de la cité,
» Dussent nos murs détruits être nos sépultures
» Combattons, les Lillois ne sont point des parjures. »
    Nous mourrons pour l'Egalité !...

Des bataillons nombreux ont envahi la plaine ;
Trois fois a retenti la trompette germaine,
Et ses sons méprisés n'ont plus trouvé d'écho :
Qu'ils deviennent pour eux le glas des funérailles !
Ils croyaient, insensés, abattre nos murailles
    Comme celles de Jéricho (1).

Bientôt sur nos ramparts, roulant comme la foudre,
Le fer qu'ils ont rougi vient tout réduire en poudre,
Les bombes, les obus vomissent le trépas ;
Envain, de mille feux, ils embrâsent la ville.
Fidèle à son serment, le Lillois meurt tranquille.
    L'homme libre ne faillit pas !

Neuf jours, oui, neuf grands jours, la ceinture de flamme
Salua dans les airs la nouvelle oriflamme,
Le drapeau de Juillet devint un vieux drapeau (2),

---

(1) Le commandant de l'artillerie Guiscart, entendant les sommations faites par le major d'Aspes, s'écria : « Les fous, ils croient faire tomber les murs de Lille comme les tours de Jéricho. » — J'ai cru pouvoir rapporter cette parole historique.

(2) Il est inutile de rappeler que le drapeau tricolore tire son origine de la prise de la Bastille.

Comptez des trois couleurs les larges déchirures ;
L'étranger seulement imprima ces blessures.
 Français, votre étendard est beau !!..

Tout se tait.... on attend.... pendant la nuit obscure,
Albert veut dérober sa honte et son injure ;
Il fuit, abandonnant une armée aux abois,
Et l'univers apprend qu'un peuple sans défense,
Fort de son juste droit, son unique espérance,
 A vaincu les suppôts des rois !...

Sparte, la Grèce a vu de tes malheurs touchée
La dernière auréole à ton front attachée,
Et sur Léonidas elle a versé des pleurs ;
Mais Lille, brave aussi, réclame ta couronne,
Plus heureuse que toi, lorsque son canon tonne,
 C'est pour célébrer des vainqueurs !

Aux chefs des combattans, honneur de nos annales,
Décernons aujourd'hui les palmes triomphales,
André, Ruault, Robart, Ovigneur et Brian,
Enfin, l'heure a sonné, vos âmes satisfaites
Verront, avec orgueil, inscrire dans nos fêtes,
 Vos noms, grands par le dévoûment !

La France entière, ô Lille ! applaudit à ta gloire,
Du haut de la Tribune un long cri de victoire
Répondit, et frappa le monde épouvanté :
De la Convention, c'était la voix chérie
Qui proclamait à tous : Français ! de la patrie
 Les Lillois ont bien mérité !!

Mes frères, honorons ce jour dans notre histoire ;
Il est, pour les tyrans, un jour expiatoire,
Pour nous un souvenir qu'en nos cœurs nous gardons :
Si l'ennemi vaincu compte sur nos alarmes,
S'il croit que nous avons brisé nos vieilles armes,
 Qu'il vienne encor, nous l'attendons !...

PROGRAMME DE LA FÊTE

Qui sera célébrée à Lille le 8 octobre 1842.

50e ANNIVERSAIRE

DU SIÉGE DE LILLE.

FÊTE

COMMÉMORATIVE.

Nous Maire de la ville de Lille,

Après nous être concerté avec M. le Lieutenant-Général, pair de France, commandant la 16e division militaire, et avec M. le conseiller-d'état, préfet du département du Nord,

Avons arrêté et arrêtons ce qui suit :

Art. 1er. Il sera célébré, le 8 du mois d'octobre prochain, une fête en commémoration de la belle défense de la ville de Lille en 1792, et à l'occasion de la pose de la première pierre du monument destiné à perpétuer le souvenir de ce mémorable événement.

Art. 2. Le 29 septembre, à trois heures, moment où a commencé en 1792 le bombardement de la ville, il sera tiré une salve d'artillerie par les canonniers de la garde nationale.

Art. 3. Le 8 octobre, jour où le siège a été levé, il sera tiré une seconde salve d'artillerie, et les édifices publics seront pavoisés des couleurs nationales.

REVUE.

Art. 4. Le même jour, à onze heures du matin, la garde nationale et les troupes de la garnison seront passées en revue sur le Champ-de-Mars par les autorités civiles et militaires.

Art. 5. Immédiatement après la revue, les autorités civiles et militaires se réuniront sur la Grand'Place, où la garde nationale et les troupes seront rangées en bataille.

POSE DE LA PREMIÈRE PIERRE
DU MONUMENT.

Art. 6. A une heure, les autorités se rendront sur la place de la Mairie, où la construction provisoire représentant le monument sera découverte.

ART. 7. Le maire posera la première pierre du monument.

ART. 8. La garde nationale et les troupes défileront devant le monument provisoire.

MÉDAILLE D'OR

A décerner à l'auteur de la meilleure pièce de vers sur la défense de Lille.

ART. 9. La Société Royale des sciences, de l'agriculture et des arts tiendra sa séance publique annuelle le 8 octobre, à deux heures et demie de l'après-midi, et décernera une médaille d'or à l'auteur de la meilleure pièce de vers sur la défense de Lille.

SPECTACLES SUR LE CHAMP-DE-MARS.

ART. 10. A trois heures, des spectacles gratuits commenceront sur le Champ-de-Mars et continueront jusqu'à la nuit.

ILLUMINATION.

ART. 11. A la chute du jour, les édifices publics et le monument provisoire seront illuminés. Les habitants sont invités à illuminer aussi les façades de leurs maisons.

Un grand transparent représentant un sujet analogue à la circonstance, sera placé sur la façade principale de l'Hôtel-de-Ville.

ART. 12. Toutes les villes des départements du Nord et du Pas-de-Calais sont invitées à envoyer des députations de leur garde nationale à la fête commémorative du siége de Lille.

CONCERT D'HARMONIE MILITAIRE.

ART. 13. Un Concert d'harmonie militaire aura lieu le 8, sur la Grand'Place, où une estrade sera élevée à cet effet. Les musiques de la garde nationale, des sapeurs-pompiers et de la garnison y prendront part, ainsi que toutes les musiques qui auront accompagné les députations de garde nationale des villes du Nord et du Pas-de-Calais,

Toute musique qui aura concouru à ce concert, recevra une médaille d'or.

Un arrêté spécial fixera l'heure à laquelle le concert devra commencer et en réglera l'exécution.

Fait à l'Hôtel de la Mairie, à Lille le 20 août 18...

BIGO

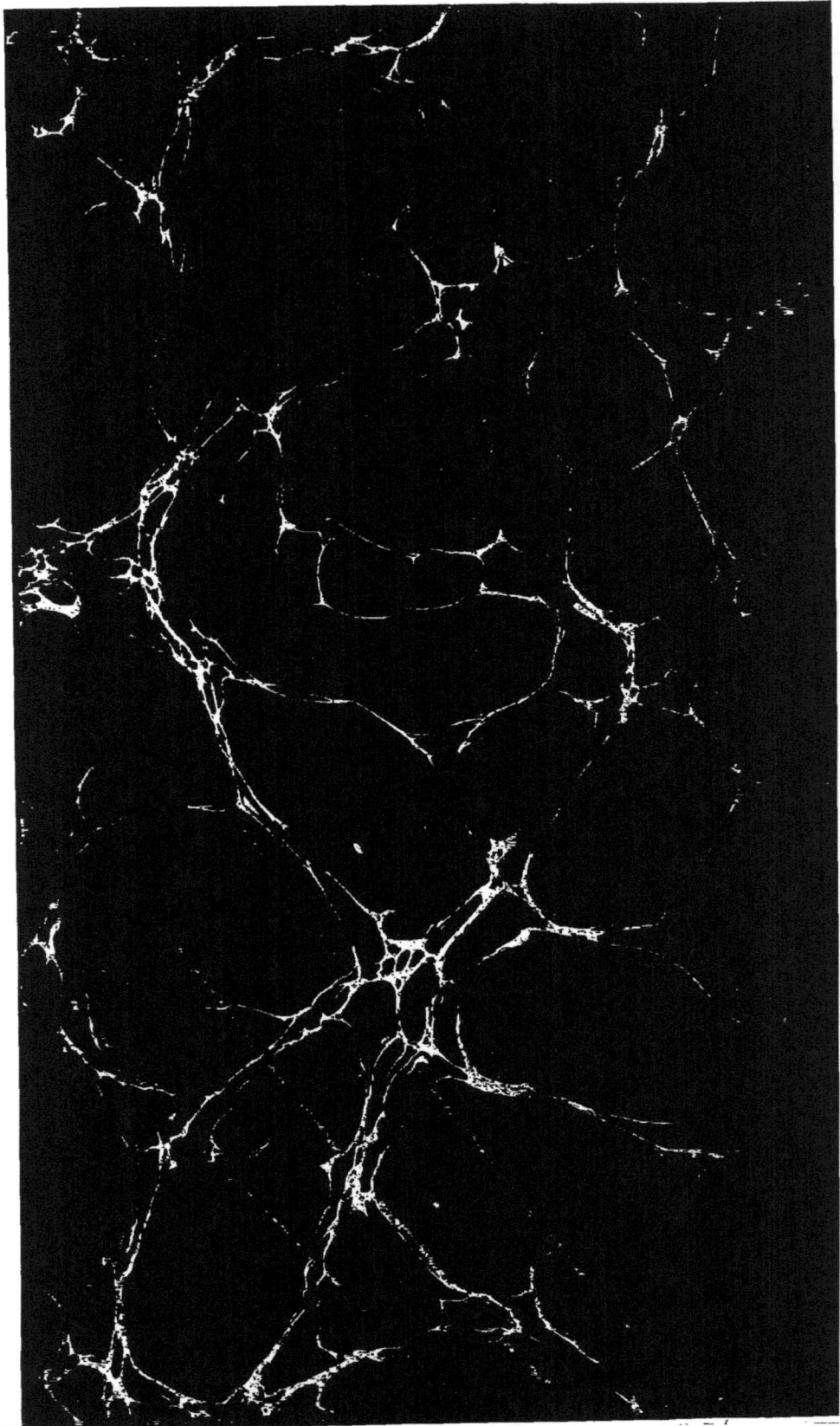

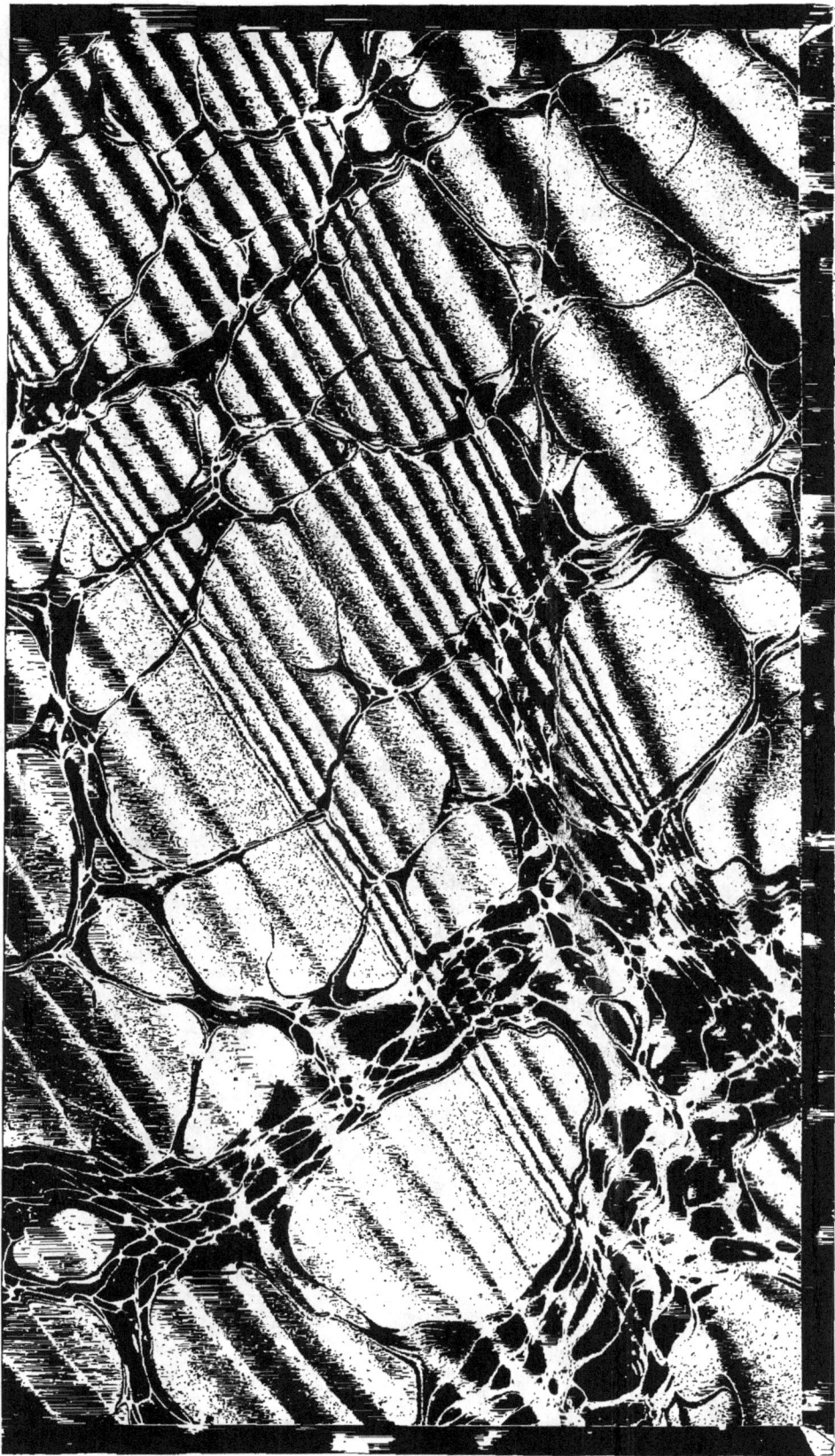

www.ingramcontent.com/pod-product-compliance
Lightning Source LLC
Chambersburg PA
CBHW060628100426
42744CB00008B/1550